*DA**Faca* *À*
Tesoura

FREITAS

Da Faca À Tesoura
Dos combates no Bope às missões no mundo da moda

ns

SÃO PAULO, 2019

Da faca à tesoura

Copyright © 2019 by Freitas
Copyright © 2019 by Novo Século Editora Ltda.

COORDENAÇÃO EDITORIAL: SSegovia Editorial
PREPARAÇÃO: Adriana Bernardino
DIAGRAMAÇÃO: Abreu's System
REVISÃO: Patrícia Murari | Silvia Segóvia
COMPOSIÇÃO DA CAPA: Dimitry Uziel

AQUISIÇÕES
Cleber Vasconcelos

Texto de acordo com as normas do Novo Acordo Ortográfico da Língua Portuguesa (1990), em vigor desde 1º de janeiro de 2009.

Dados Internacionais de Catalogação na Publicação (CIP)
Angélica Ilacqua CRB-8/7057

Filho, Freitas
Da faca à tesoura : dos combates no Bope às missões no mundo da moda / Freitas Filho. – Barueri, SP: Novo Século Editora, 2019.

1. Policiais militares - Autobiografia 2. Policiais militares – Narrativas pessoais 2. Polícia Militar. Batalhão de Operações Policiais Especiais I. Título

19-1703   CDD-923.5

Índice para catálogo sistemático:
1. Policiais militares – Autobiografia

Alameda Araguaia, 2190 – Bloco A – 11º andar – Conjunto 1111
CEP 06455-000 – Alphaville Industrial, Barueri – SP – Brasil
Tel.: (11) 3699-7107 | Fax: (11) 3699-7323
www.gruponovoseculo.com.br | atendimento@novoseculo.com.br

SUMÁRIO

PRÓLOGO: **ALEMÃO**
11

PARTE 1: **TEMPOS DE PAZ**
19

PARTE 2: **TEMPOS DE GUERRA**
151

PARTE 3: **VOLTANDO PARA CASA**
205

APÊNDICE: **A LENDA**
229

AGRADECIMENTOS

AGRADEÇO A TODOS QUE FIZERAM PARTE DA MINHA VIDA, EM ESPECIAL àqueles que, de alguma forma, contribuíram para este livro. Vocês são incríveis. Aos amigos que fiz no Bope, sem vocês o livro não teria tanta emoção. Aos amigos que tenho desde sempre. A toda a minha família. A minha vó, Eunice, que sempre é capaz de manter a paz de todos a sua volta. A minha mãe, Suely, por ser tão guerreira e seguir sempre em frente. Ao meu pai, Sidney, por ser perseverante e jamais desistir; seus ensinamentos foram fundamentais no fluxo da minha vida. E agradeço todos os dias pela minha maior bênção, o ser humano mais encantador, minha filha Eduarda. Seu amor salvou minha vida.

Um agradecimento especial ao Moraes Questão por seus 29 anos e seis meses de vida dedicados à honrosa profissão de Policial Militar do Bope, por me permitir, depois de cinco horas de conversas, a escrever um capítulo sobre seus feitos, e por ter exigido que eu citasse todos que estiveram com ele naquele resgate, reconhecendo que não teria conseguido sem a ajuda de seus companheiros. Esse reconhecimento o torna ainda maior, faz dele um grande líder e, não à toa, todos o reconhecem como *A Lenda*. Quem passar pelo Bope e não ouvir falar dos seus feitos e dos de tantos outros policiais que doaram ali sua vida, passará em brancas nuvens.

"Não somos nada sem nossos irmãos."

NOTA DO AUTOR

ANTES DE VOCÊ MERGULHAR EM MINHAS HISTÓRIAS, QUERO DEIXAR BEM claro que tudo que vi, ouvi, falei e senti faz parte do meu mapa mental, percepções que chegaram a mim através de meus valores e crenças. Agradeço a todos os heróis que enalteço. Homens que já estavam lá e que, depois que saí, permaneceram. Coloco-os como heróis porque seus feitos contínuos salvam muitas vidas. Enquanto estive no Batalhão de Operações Especiais (Bope), não vi, em nenhum dia em que estive de serviço, o Batalhão personificar alguém como tal, talvez porque não seja nossa cultura, talvez porque a vaidade não permita, talvez porque exista mais "talvez" do que se possa imaginar. Mas, tomo a iniciativa de instituí-los em minha visão como tal, pois, diferente de mim, esses homens continuam atuando, de forma brilhante, entregues àquilo que amam. Fazendo uma análise fria da minha participação, coloco-me como coadjuvante, como o menino sonhador que encontra seus super-heróis. Enquanto fiz parte desse time, fui o melhor que poderia ser para que, aqueles que já estavam lá, tivessem o melhor de mim, e juntos continuássemos fazendo o bem; o que eles seguem realizando com maestria. Muitos estão nessa mesma categoria, mas não tive a felicidade de trabalhar com todos. Se pudesse colocar aqui todas as histórias, o livro não teria fim. Neste papel, de herói urbano, não faço distinção entre o Bope e os policiais militares que vestem a honrosa farda azul. Muitos sangram dia e noite para dar o máximo que podem em seu serviço. Sabe-se lá o porquê de não serem reconhecidos como merecem.

Neste livro, vou além das histórias que vivi naquele período. Conto minha saga para ser um empreendedor, a difícil decisão de sair do Bope e o nascimento da minha filha. Conto como entrei em depressão, a vontade de cometer suicídio e como superei as adversidades criadas por mim.

Falo da importância do hábito da leitura, em mim despertado após a palestra do Bernardinho, ex-técnico da Seleção Brasileira de Voleibol, sobre os aprendizados para ressignificar a visão a respeito dos acontecimentos em minha vida, e como, por meio do exemplo de grandes líderes que pude ter contato, seja trabalhando com eles ou lendo suas obras, criei meu modelo mental de sucesso e o transformei em curso e palestra, que tenho imenso prazer em ministrar.

Para finalizar, gostaria de frisar que a alegria que senti durante todo o tempo em que estive no Bope não foi por amar a guerra, mas, sim, por ser um homem capaz de enfrentá-la por você.

Não somos produtos de nossos desejos, somos a coragem social personificada em cada ser humano que sai de casa para entregar a você um dia de paz.

Somos o BEM. Nos movemos para combater o MAL porque ele existe.

PRÓLOGO: ALEMÃO

ESTAVA EM CASA, NAQUELA QUARTA-FEIRA, DIA 24 DE NOVEMBRO DE 2010, acompanhando as notícias, andando de um lado para o outro, sem entender por que ainda não tínhamos sido acionados. Sei que tudo tem seu tempo, mas as notícias que recebíamos dos policiais que estavam nas comunidades do Sereno e Chatuba, vizinhas a Vila Cruzeiro, eram de uma verdadeira guerra. Os traficantes que vinham barbarizando a cidade estavam dispostos a não ceder.

De repente, meu telefone começa a vibrar em cima da mesa da sala. Olho no visor, é o *29*. Eu tinha certeza do assunto.

– Fala, *29*!

– Está sabendo, *26*? Amanhã, às cinco horas, armados e equipados.

– Alemão?

– *26*, eu não estou sabendo. Sei apenas que a equipe *Delta* e *Charlie* estão na Chatuba.

A bala está voando.

– Porra, *29*, vou partir para o Batalhão. Vou pegar meu equipamento e ficar esperando.

– Valeu, *26*. Te encontro lá.

Nunca vi o Batalhão tão lotado. Informações desencontradas. Não sabíamos o que nos aguardava.

As equipes *Delta* e *Charlie* tiveram muitas dificuldades, no dia anterior, para tomarem a Chatuba. Escuto um policial contar que tentaram ir à Vila Cruzeiro e não foi possível. Traficantes haviam cercado as principais vias com "jacarés", que são armadilhas com vergalhões para furar os pneus dos caveirões do Bope.

Quando entro no rancho* para um rápido café da manhã, antes de irmos, encontro o *30* com uma atadura na mão.

– O que foi isso, *30*?

– *Neguim*, não tá moleza, não. Fomos atravessar um beco, eles largaram o *aço*, um tiro ricocheteou e pegou na minha mão.

– Vai voltar ou vai pro hospital?

– *26*, o hospital espera.

– Essa porra mesmo – respondi.

Partimos às oito horas em um grande comboio para Vila Cruzeiro. Quando estávamos próximos à principal Avenida da Penha, recebemos ordens para dar meia-volta e seguir para o quartel dos Fuzileiros Navais. O comboio fez a volta e seguiu na nova direção.

Ao chegar, recebemos a informação de que iríamos utilizar os blindados da Marinha e que teríamos de aguardar autorização de algum superior. Aquele relato, feito mais cedo, parecia fazer total sentido. Se havia necessidade de usar blindados com esteiras, era sinal de que as armadilhas estavam espalhadas pelas ruas. Foram horas de espera, o que multiplicava por mil a ansiedade. Dada a autorização, as patrulhas foram divididas por seus respectivos blindados. Lembro-me bem de um policial entrando em seu veículo, dando meia-volta para olhar para trás e dizendo, com um ar que misturava ironia e resignação: *Vai dar merda, neguim, quem sobreviver, escreve um livro*. Partimos em novo comboio, agora ainda maior.

---

* Refeitório.

ALEMÃO

Não posso negar a emoção de ter visto o Rio de Janeiro parado, aplaudindo nossa passagem pelas ruas, como se fôssemos a única esperança para dar um basta ao que vinha acontecendo. Essa era uma missão em que eu não cogitava ficar de fora. A população clamava por ações mais efetivas, e era isso que estávamos proporcionando. Como não sentir orgulho por integrar esse momento? Estávamos no meio da tarde, quando recebemos o *start* (ordem) para invadir a Vila Cruzeiro.

– Fecha a porta, fecha a porta – gritou o Cabo Davi – já mandou ir, já mandou ir.

Fecharam a porta, e só se escutava o som do motor do blindado. Fez-se uma escuridão, com exceção da luz do sol que entrava pelas poucas janelas que aquele tipo de blindado possuía. Estávamos sentados em uns bancos estreitos, do lado direito e esquerdo, uns de frente para os outros, bem colados devido à falta de espaço. Eu estava do lado direito, do lado oposto ao motorista, bem na frente ou ao fundo, já que a entrada dele se faz por uma porta traseira. Carregava uma quantidade maior de equipamento. Além do meu fuzil, um ParaFAL 7.62. Pela primeira vez, estava com as duas placas de cerâmica, uma na frente e a outra nas costas, carregadores e minhas inseparáveis granadas de efeito moral. Dentro da mochila, itens cuidadosamente pensados, pois sabia que aquela não seria uma operação com hora para acabar.

O blindado roncava com seu motor feroz, como se desejasse partir para dar início à operação. Cada um ali estava entregue a seus próprios pensamentos. E na expressão de todos era visível a adrenalina, em seus mais altos níveis.

Quando o blindado faz o primeiro deslocamento, o Cabo Davi grita.

– Para, para! Estão batendo na porta, estão batendo na porta.

A porta do blindado é aberta.

– Fala, *01*!

– Vocês vão desembarcar aonde?

— No Campo do Ordem* – respondemos.
— Vocês são o primeiro blindado. Passa direto e desembarca na Vacaria, pode ser?
A patrulha se olha.
— Vacaria parece ser bom. Vamos, vamos! Eles cairão em cima da gente – disse *Popó*.
— Então, beleza! Passem direto.

Mais uma vez a porta se fecha. O blindado acelera, o ronco do motor aumenta, tornando o barulho da esteira no chão mais forte e intenso. Olhei para o *29* sentado à minha frente, aperto sua mão e faço um gesto com a cabeça. Ele me responde com um sorriso, entretanto não consegue esconder a tensão impressa em seu rosto. Aliás, quem ali dentro daquele blindado conseguiria esconder o que se passava em suas entranhas? E para aumentar a ansiedade dentro do veículo, sua configuração só permitia a um de nós, o *Popó*, ter visão do que acontecia do lado de fora. Ele estava sentado no meio e, através de uma torre centralizada no teto do blindado, passava as coordenadas do caminho para o motorista, narrando tudo que seus olhos viam. Partíamos para o inferno, completamente às cegas. Alguém duvida que havia motivo para tanta tensão? Posso afirmar que me sentia como um Mariner norte-americano, prestes a desembarcar nas praias da Normandia, em junho de 1944.

Entramos na Avenida Nossa Senhora da Penha, a principal via que levava à Vila Cruzeiro. Já no início, escutamos os primeiros disparos feitos em direção ao nosso blindado. Então, o motorista nos informou que estavam bloqueando a passagem.

— Tem um carro à frente. – Alertou o condutor do blindado.
— Passa por cima dessa porra! Tira da frente! – Falamos quase em uníssono.

---
* Local dentro da favela onde desembarcaríamos.

O motorista seguiu em direção ao carro com toda velocidade e, sem testar o obstáculo, o atingiu com toda força, jogando-nos uns contra os outros. Após o fortíssimo choque, viro-me para o outro tripulante e para *Popó*, que também estão à minha frente, e digo: "fala pra ele bater devagar. Fala pra ele testar o obstáculo antes. Fala para testar essa porra antes. Manda ele encostar no obstáculo. Não adianta ele bater com essa velocidade, vai acabar nos machucando".

Havia um intenso falatório dentro do blindando e, apesar de eu ter falado alto, pouca atenção se dava ao que eu tinha dito. *Foda-se!* – pensei enquanto procurava entrar em uma das conversas que rolavam entre os companheiros.

Não sabia como os motoristas daqueles blindados eram treinados, era a minha primeira experiência dentro de um deles. Os blindados do Bope não são preparados para passar por cima de obstáculos. Todas as vezes que havia carros ou qualquer tipo de bloqueio, os motoristas encostavam na barricada, testavam e empurravam, tirando-os do caminho, sem a necessidade de passar por cima.

Acessamos a principal rua da Vila Cruzeiro, e os tiros se intensificaram. Mais uma vez fomos informados pelo motorista sobre um novo obstáculo à frente.

– Tem um caminhão cruzado na pista – disse o motorista.

– Pode tirar – alguém respondeu.

Viro-me para o tripulante e grito:

– Manda ele testar essa porra, encosta no caminhão e empurra pra tirar da frente.

Sem sucesso. Ele acelerou e foi com toda velocidade em direção ao caminhão que bloqueava a via. O impacto foi tão forte que nosso blindado foi parar em cima de alguma coisa na calçada. Foram os minutos mais demorados da minha vida.

Logo após o impacto, o motorista tentou avançar com o blindado, porém dava para ouvir o barulho das esteiras girando longe do chão, impossibilitando que o veículo saísse do lugar. Estávamos imobilizados na linha de tiro. O motorista gritou, com uma voz gutural: "O blindado está preso!".

Porra, eu avisei! – foi o que pensei na hora. O clima ficava ainda mais tenso. Estávamos nas proximidades do Campo do Ordem e não podíamos olhar e nem atirar de dentro do blindado, pois, diferentemente dos blindados do Bope, os congêneres da Marinha não possuíam seteira, que é o buraco por onde colocamos o fuzil. Para piorar, um poste, que foi esmagado, caiu sobre o nosso veículo.

De repente, outro grito do motorista, dizendo que a direção estava dando choque, certamente pela corrente oriunda do poste. Será que poderia piorar? Continuamos tentando sair, quando *Popó*, que era o único que tinha a visão externa, gritou:

– Caralho! Eles estão aqui, estão ao lado do blindado!

Os traficantes atiravam a menos de quatro metros de distância do veículo.

De novo *Popó* gritou, dessa vez para avisar:

– Jogaram um coquetel molotov em cima do blindado.

Alguém gritou: "Vamos desembarcar logo!"

Respondemos em coro:

– Não abre porta!

Como não tínhamos como fazer uma cobertura de fogo, que é atirar para dar segurança a quem vai desembarcar, abrir a porta naquele momento seria suicídio.

Houve um novo falatório, ainda mais intenso. A incerteza tomava conta de todos.

Em cima do blindado, carregávamos uma metralhadora ponto50, pouco útil naquela ocasião por não termos munição para ela, o que soava praticamente como um enfeite. Um enfeite, contudo, que poderia ajudar naquele momento complicado: ela girava em um ângulo de 360°. Viro-me para o *Popó* e digo:

– Vamos girar a ponto50 na direção deles. Quem sabe não correm, e aproveitamos para desembarcar.

Uma sugestão tosca, mas preso ali e sem uma outra grande ideia, preferi tentar.

Giramos a ponto50 e, como já era esperado, simplesmente ela não provocou efeito algum. Todos os traficantes permaneceram ali, acrescidos de mais comparsas, intensificando os disparos. Sentia-me em uma autêntica ratoeira. Em toda minha vivência no Bope, essa foi a segunda vez em que fui tomado por uma sensação de medo.

Escutava nitidamente duas vozes em minha cabeça. Uma colocava-me em total desespero e falava o tempo todo: "Você vai virar estatística" e mandava-me implorar desesperadamente por ajuda. Aumentando o meu pavor, lembrava-me insistentemente da minha família. A outra voz, em contraste, pedia-me, ou melhor, exigia que mantivesse a calma. Havia me preparado para aquele momento, exigia de mim serenidade para vencer. "Não entre em pânico, vai dar tudo certo."

Olho em volta, e ainda que o falatório continuasse, sinto um profundo silêncio.

De repente, BOOM!

Parte 1
TEMPOS DE PAZ

"Os civis entendem que os soldados têm o dever básico, e que acima disso qualquer conduta é 'bravura'. Os soldados veem de outra forma: ou alguém cumpre seu dever ou é covarde. Policiais morrem. Eles sabem disso quando entram para a corporação. Tornar-se policial é o maior ato de bravura que alguém comete. O que vem depois disso faz parte do seu trabalho."

Texto adaptado do livro *Guerra*.
(JUNGER; SEBASTIAN, 2011, p.202)

1: A PROVA

NÃO CONSIGO ACREDITAR! HAVIA ME PREPARADO PARA ESTE MOMENTO, sinto a oportunidade escapando por minhas mãos.

Ser policial do Bope era o sonho da minha vida, e o caminho a ser percorrido começava pelos estudos. Eu me dedicara por anos, todos os dias, o máximo de horas que fosse capaz de aguentar.

Quando temos um propósito, quando estamos obstinados a alcançá-lo, parece que o mundo conspira a nosso favor. Alguns dão o nome de coincidência, sorte, destino... Eu acredito fielmente no poder da fé que depositamos em nossa capacidade de superar qualquer adversidade e transformá-la em algo positivo. Por vezes, minha caminhada pareceu ser um golpe de sorte ou obra do acaso, mas sempre estive muito bem preparado para o que viesse pela frente, usando todas as técnicas necessárias e nunca me abstendo de fazer perguntas para alcançar o objetivo desejado.

Após três longos anos de espera, estudando intensamente para o concurso da PMERJ, finalmente saiu o edital para a prova. Para minha decepção, eu não poderia me inscrever devido às regras quanto à idade. De alguma forma, foi nesse momento que meu foco e minha perspectiva positiva moveram as coisas a meu favor. Aceitei as condições e voltei aos estudos buscando estar ainda mais preparado. A prova que não pude fazer teve denúncias de fraude no processo, o que provocou a anulação daquele concurso. Para a nova prova, decidiram reabrir as inscrições. Como uma obra perfeita do destino, neste novo concurso eu já tinha a idade necessária exigida no edital. O mergulho nos estudos, após o choque de não poder inscrever-me, inicialmente, me deu a certeza da escolha mais assertiva.

> "Pequenas atitudes podem mudar sua vida."
> – Willian H. McRaven

Estudei o bastante para ficar entre os primeiros colocados, e não havia dúvida que ficaria. Fiz cursinho durante os três períodos, manhã, tarde e noite. Ouvia dos meus amigos que eu "havia mudado" que "estava diferente" e "não falava mais com ninguém". Tinha tanta vontade de passar e ser aprovado, que me preparar integralmente era a única maneira de obter êxito naquela primeira oportunidade.

Estava certo de que encontraria obstáculos, por vezes externos, como de familiares que torciam contra, como prova de amor, já que ser policial no Rio de Janeiro é uma das profissões mais perigosas do mundo; outras vezes, obstáculos criados pelo descuido gerado por minha própria tensão. No dia anterior à prova, cometi justamente essa falha.

Durante a noite que antecedia a prova, fui para casa da namorada que tinha na época. Estava muito ansioso e buscava uma maneira de relaxar a tensão. Descuidei totalmente do descanso necessário para acordar bem-disposto. Acabei ficando acordado mais do que deveria e poderia. Prejudiquei minha noite de sono e, para piorar, ao acordar senti um súbito mal-estar. Não consegui me alimentar adequadamente. Nessas condições, segui para a prova.

O sucesso está nos detalhes. Por menor que possa parecer, os deslizes podem provocar grandes mudanças no percurso. Ainda era novo, aquele era meu primeiro concurso para polícia, mas já percebo o quanto esses pequenos detalhes podiam fazer a diferença na hora que mais precisava. Com muita confiança, entro na sala destinada à prova, busco um lugar bem na frente, e na hora exata recebo em mãos a prova. Após a primeira lida, sinto que há algo de errado. As questões não estavam difíceis; porém, minha mente parecia embaralhar. Não conseguia entender o que a maioria delas pedia. Questões fáceis, que durante toda preparação fiz com certa tranquilidade, viraram uma verdadeira saga para serem concluídas.

Tenho certeza que não falhei nos estudos. Até o uso da "sorte" foi algo que aprendi em um dos muitos dias de curso. Uma das técnicas ensinadas por um professor era usar o fator psicológico. Lembro-me dele dizendo: "Ganha a briga quem dá a primeira porrada, então comece fazendo a prova pelas questões que você tem certeza que acertará, e isso dará confiança para resolver as próximas questões". Não tive dúvida, foi a primeira estratégia que usei. Para cada questão que resolvia, parecia que o mal-estar aumentava, e o tempo de prova diminuía. Dei o meu máximo e consegui fazer onze das vinte questões possíveis de português, e nove das vinte possíveis de matemática. Todas com total certeza de estarem corretas. Naquele momento, o tempo já era bem apertado para realizar a redação. Meu mal-estar chegou ao ponto de o fiscal da prova perceber que havia algo errado comigo. Veio até mim e perguntou:

– Está acontecendo alguma coisa? Você está passando mal?

– Sim. Suando frio – respondi. – Estou sentindo um grande mal-
-estar e não estou acreditando que depois de ter estudado tanto não conseguirei fazer a redação.

– Você acredita em Deus? – perguntou ele.

Apesar de não ser religioso e não ter tanta fé em Deus a ponto de acreditar que ele pudesse mudar as escolhas que faria a seguir, não tenho dúvida da fé de quem a tem. Então respondi:

– Sim!

Ele perguntou se poderia orar por mim. E, percebendo seu desejo de me ajudar, permiti que fizesse sua oração. Meu estado não mudou, mas recebi as energias que aquele homem de fé me enviou. Após a oração, voltei a atenção à prova. Já sem tempo para fazer as questões, caso ainda tivesse interesse em escrever minha redação, decidi que era a hora de usar uma outra técnica ensinada no cursinho. Um professor de matemática dizia que até para *chutar* precisávamos ser estratégicos, inteligentes, e quem quisesse jogar dado ou escolher na intuição iria se arrebentar. Ele brincava: "Não adianta jogar dadinho ou contar *uni-duni-tê*. Para você ter chance de acertar alguma questão chutando, o chute tem que ser calculado". Ele dizia: "Você precisa tirar a média aritmética das opções que tem certeza, ver a média das questões que marcou e chutar tudo na opção com menos marcação". Já sem tempo para fazer as questões raciocinando, decido recorrer a esta técnica, e minha média aritmética me mostrava que deveria arriscar meus chutes na letra "B".

"A vontade de se preparar tem que ser maior que a vontade de vencer."
– Bernardinho (palestra no Bope/2009)

Na época, a banca da prova só corrige a redação dos candidatos que acertassem 50% das questões de português e 50% das questões de matemática; ou seja, metade de cada matéria, e em minhas contas eu só precisava de mais um acerto em matemática para ter minha redação corrigida.

Durante todo o estudo me destaquei bastante em redação. O tema determinado foi algo sobre tecnologia, e tenho certeza que desenvolvi um ótimo texto, restando poucos minutos para o fim da prova.

Levando em consideração que eram mais de 40 mil inscritos para 4 mil vagas, em uma relação de uma vaga para dez candidatos, minha confiança era bem maior do que minhas chances, e apesar de todo meu deslize na noite anterior, a falha no fim da minha preparação, não tinha dúvida que passaria naquele concurso. Agora era esperar.

No dia de saber o resultado, acordei cedo; aliás, quase não dormi na noite que antecedeu a publicação. Tão logo abriram as bancas de jornal, desci para comprar um exemplar que mostrava a lista dos aprovados.

> "Primeiro adquira paciência e persistência, e só então prepare a sua mente para alcançar o que quer, pois assim é quase certo que obterá."
> – Napoleon Hill

O surpreendente aconteceu!

Menos de dois mil candidatos passaram. Fiquei impressionado ao ler aquela notícia, e levei o jornal para casa. Afinal, minhas chances neste caso aumentaram sensivelmente. Comecei a procurar pelo número da minha inscrição, passando o dedo, seguindo do primeiro em direção ao último, consegui encontrar meu nome e número na posição 994º. Minhas notas foram 6,5 em Português, 5,0 em Matemática e 5,5 em redação. Foi um triunfo, após pecar no descanso da noite anterior à prova.

Pode parecer sorte para alguns, mas até para ter sorte é preciso estar preparado. Se não tivesse dado a devida importância àqueles professores que ensinavam como contornar situações adversas, se tivesse faltado àquelas aulas, se não tivesse experimentado usar a experiência que me foi passada, qual teria sido o resultado? Quantos, na mesma situação que eu, não criaram para si a mesma "sorte". Eu falhei no descanso, mas não descansei na preparação.

2: SOLDADO DA PM

COSTUMAM ME PERGUNTAR SE FIZ PROVA PARA O BOPE, COMO SE O BOPE não fizesse parte da PMERJ. Teria sido minha escolha, caso o caminho não tivesse que passar antes pelo Centro de Formação e Aperfeiçoamento de Praças. Pisei no CFAP como aluno da Polícia, em 30 de maio de 2005. Não foi uma experiência transformadora, do ponto de vista técnico e psicológico. Em sua maioria, os alunos são cheios de vontade de resolver problemas sociais, e não é difícil ver erros, seja por excesso de vontade ou por inexperiência. Geralmente, na profissão de policial se paga o preço com a vida ou com a liberdade. Mas isso não podia determinar o profissional que eu queria ser. Questionador que sou, buscaria uma forma de evoluir, escutando as orientações dos mais experientes.

Foram nove meses de curso de formação. Durante esse período, falei para quem quisesse ouvir que eu seria um policial do Bope, ainda que tivesse a desconfiança dos meus amigos, e vários fatores levassem a essa desconfiança. Meu porte físico não era dos mais atléticos, era tão magro que parecia envergado, e minha rusticidade não era das maiores. Um amigo, Wallace, ex-pentatleta do Corpo de Fuzileiros Navais, e formado comigo no CFAP, ainda hoje, quando me encontra, conta que lembra de me ouvir falar que seria do Bope, na fila do exame médico da PMERJ, quando nem alunos éramos.

Segundo relatos dele, ele ficava me olhando e pensando, *coitado desse magricelo, não sabe o que está falando*. Mal sabia ele o quão comprometido eu estava. A desconfiança também vinha de dentro de casa. Minha mãe, por me conhecer muito bem, não acreditava que eu seria capaz de comer durante o curso. Afinal, como fui mimado pela avó paterna, sempre escapei de comer comidas que as crianças geralmente rejeitam, e esse hábito ainda existia até aqueles dias, mas nada tirava meu foco. Não seria um prato de comida que iria me parar. Eu seria um *policial especial*.

"Quem disse que isso era impossível? E que grandes vitórias tem você a seu crédito para julgar os outros com exatidão?"
– Napoleon Hill

Três coisas ficaram marcadas no período da minha formação, a amizade entre os colegas aspirantes a soldados e os dois ensinamentos que ouvi de professores diferentes. O primeiro ensinamento marcante dizia que não deveríamos sentir a dor do outro em uma ocorrência, que apesar de ser difícil, inicialmente, faria toda a diferença entre a liberdade e a prisão, entre o sucesso e o fracasso.

É bem verdade que quando o policial se deixa levar por essa emoção, acaba *estragando* uma ocorrência. E pude perceber isso na prática.

Estava recém-formado no Bope, e após o plantão de vinte e quatro horas, decidi sair do Batalhão e ir direto para a casa da namorada, que ficava no bairro do Recreio dos Bandeirantes/RJ. Ao dobrar em uma esquina, próximo de onde ela morava, percebi dois homens forçando a porta de um carro. Passei tão próximo deles que pude escutar o vidro estalando, e achei a situação muito estranha. Imediatamente minha cabeça começou a explodir de pensamentos sobre o que fazer, enquanto o lado racional insistia para que eu fosse descansar, pois estava exausto, o outro lado pensava: *você é policial, é seu dever im-*

pedir esta situação. Apesar de já estar no Bope, eu não era ninguém sozinho. Concentrando-me na melhor forma de agir, minha cabeça rapidamente encontrou um caminho possível. A área do meu estágio, durante o curso de formação de policial, tinha sido exatamente o 31º Batalhão, que cobria aquele bairro. Sabia onde ficavam algumas das viaturas baseadas na praia. Então, quando virei o quarteirão já havia definido o plano para impedir aquele furto. Iria fazer o que fui treinado para fazer. Era meu dever agir.

Acelerei o carro até o posto 12 da praia, ali sempre ficava uma viatura. Parei o carro sem assustar os policiais. Desembarquei com a carteira na mão e arma na cintura. Informei o que estava acontecendo próximo dali e pedi para que me acompanhassem para, juntos, efetuarmos a prisão daqueles suspeitos. Você pode estar se perguntando por que não desci para efetuar a prisão dos elementos, já que estava armado. Bem, a resposta é simples. Qualquer técnica diz que jamais podemos fazer uma abordagem se estivermos em menor quantidade, e eu tinha identificado dois elementos. Além disso, eles poderiam ter outros comparsas cobrindo a ação. Isso seria fatal.

Seguimos em direção ao local onde acontecia o fato. Parei na esquina, a viatura parou logo atrás. Assim que desembarquei do carro, já com a arma em punho, a cena que vi foi exatamente essa que descreverei a seguir. Um homem com o braço sobre a porta do carro, disfarçando, e um outro deitado embaixo do volante. Ainda do outro lado da rua, o primeiro homem levantou a cabeça e arregalou os olhos ao me ver. Naquele momento, dei voz de prisão. Ele gritou algo e correu. Em seguida, o outro se levantou e começou a correr também.

Sabia que os policiais do 31º BPM estavam logo atrás de mim e comecei a correr para prendê-los. Alcancei o primeiro, o que estava em pé fora do carro. Mesmo saindo na frente, ele já havia sido ultrapassado pelo comparsa que estava deitado embaixo do volante. Ao chegar bem próximo, ele se rendeu antes mesmo que eu o pegasse, gritou: "perdi chefe, perdi", deitando-se no chão. Não perdi tempo em prendê-lo, sabia que um dos policiais da viatura o faria.

Pulei o primeiro e segui em disparada atrás daquele segundo elemento que fugia; em poucos metros o alcancei. Mesmo eu estando bem próximo e gritando, o suspeito se recusava a parar. Então pensei em uma alternativa que evitasse maiores danos. Como estava logo atrás, desferi um chute em forma de banda e acertei bem no meio de suas pernas. Pude vê-lo voar bem alto e cair rolando, pedindo para que não atirasse. Naquele momento, atirar não era mais uma alternativa.

Escutava ali as palavras, ditas lá atrás, por aquele professor que pedia para que não nos deixássemos levar pela emoção.

Curiosos foram se juntando próximo ao ocorrido, e um coro se fez ouvir. Gritavam dizendo: "Mata! Mata! Mata"!

Não é difícil encontrar histórias de policiais que se deixaram levar e trocaram uma ocorrência perfeita pela própria prisão. Ouvir a sabedoria dos mais velhos é algo que vou carregar por toda a vida.

Outra frase que me marcou durante esse período veio de um policial, que também era professor, mas que só fui entender anos mais tarde. Ele dizia: "A profissão do policial é muito bonita e honrosa, mas a política causa muitos desamores". Não foi algo com que me importei no primeiro momento. Ainda vibrava muito e não tinha conhecimento para entender o que aquilo significava, mas o fato é que seu jeito de falar, sua voz embargada e seu olhar de pesar nunca saíram da minha cabeça.

"Uma das coisas mais valiosas que alguém pode aprender na vida é a arte de pôr em prática os conhecimentos e as experiências dos outros."
– Napoleon Hill

Nossa formatura foi em janeiro de 2006. Em seguida, tive a feliz notícia de que as inscrições para o curso do Bope estavam abertas.

O Bope possui dois cursos que te habilitam a fazer parte das equipes operacionais. O Curso de Operações Especiais (COESP) e o Curso de Ações Táticas (CAT). As inscrições que estavam abertas eram para o CAT, e via naquele curso o passaporte de entrada para a realização do meu sonho. Até conseguir pisar no Bope como aluno do CAT e me tornar um *Catiano*, a vida daria muitas voltas. Não imaginava que os desdobramentos que aconteceriam me deixariam a certeza de que a beleza da conquista está na jornada.

Estava adido ao 31º Batalhão quando foram abertas as inscrições, e para poder fazer o curso teria que solicitar a autorização ao comandante do CEFAP, onde era minha unidade de fato. Esse foi um ponto positivo rumo ao 20º Curso de Ações Táticas. Escutava dos amigos policiais que o comandante do Batalhão não autorizava seus policiais a fazerem cursos, pois não queria perdê-los para outras unidades. Não sei se era verdade, mas como não cabia a ele, dar a autorização para eu me inscrever no curso do Bope, fui atrás de quem era de direito.

Como disse, o início dos exames seria em março daquele ano, e eu estava me preparando há muito tempo. Corria muito, fazia muitas barras, e a parte superior dos meus dedos já estava calejada e com manchas pretas de tantas flexões que fazia no asfalto quente. Mas, quando se julga estar bastante preparado, no auge da sua melhor forma, a vida encontra um jeito de te testar, de saber até onde você realmente está disposto a chegar, qual é seu propósito, até onde seu sonho pode ser algo pelo qual você morreria. Geralmente, ela encontra um jeito de nos testar mentalmente – que é onde pesa mais –, e se tivermos dúvida de nossa caminhada, colocamos tudo a perder.

Após as inscrições, começo a sentir um desconforto em meus testículos. O que começou com um leve desconforto, em alguns dias, passou a ser tão grande que mal conseguia ficar de pé. Era como se eu recebesse uma bolada em uma partida de futebol a cada meia hora.

Depois de muitas idas ao HCPM (Hospital Central da Polícia Militar), fui internado para tratar uma epididimite*.

Acabaria ali minha primeira oportunidade de ingressar no Bope, não teria tempo para me recuperar, os exames iriam acontecer em breve. Pequenos obstáculos podem transformar a sua caminhada, dependendo da importância que você dá a eles. Apesar dos acontecimentos, em minha cabeça não passou a possibilidade de não estar naquele curso, nem que tivesse que arrancar o testículo que estava inflamado para me recuperar mais rápido. Tinha o sonho de ser pai, e com apenas um ainda seria possível. Estava convicto que entraria nesta primeira chance. Então, fez-se o "milagre". Ouvi dizer que, devido à Operação Verão, que conta com a presença de um efetivo muito grande para a segurança das praias contra possíveis arrastões, ao Carnaval e ao megashow dos Rolling Stones, na praia de Copacabana, os exames do curso foram remarcados para o segundo semestre daquele ano. Eu, que tinha absoluta certeza de que entraria, agora, com essa mudança, estava com a confiança dobrada, como se a vida falasse para mim: *vou esperar você estar em condições adequadas.*

O tempo passou, e eu já estava recuperado, animado com a proximidade da abertura dos exames. Desejava vestir aquela farda preta; porém, tudo na vida tem dois lados. O benefício do adiamento do curso veio com um inconveniente. Logo após o término do verão, no período que me recuperava da inflamação, fui classificado definitivamente para o quadro de policiais do 31º Batalhão. Afinal, não era mais um aluno, já estava formado, e ficar na escola não me cabia mais. A primeira pergunta que me veio à cabeça foi: *Será que a história do Coronel não autorizar era real?* Não sei, mas tinha que manter minha cabeça focada naquilo que dependia de mim.

---

* Inflamação do tubo na parte de trás do testículo que armazena e transporta o esperma.

Passei por uma bateria de exames médicos, que foram bem tranquilos. Fui para os exames físicos com a certeza de que meu treinamento tinha sido um dos mais difíceis, se não "o mais". Para se ter uma ideia, como minha namorada morava no posto 11 do Recreio, eu treinava correndo até a praia de Grumari e voltava, 13,5 km ida e volta. Mas o grande sacrifício em correr ali, era devido às subidas que tornavam a corrida um verdadeiro martírio. Na minha cabeça o treino tinha que ser o pior possível, pois não sabia o que eu ia enfrentar. Por vezes, usava-a como cobaia, correndo com ela nas costas pela areia da praia. Passei pelos exames físicos sem surpresas.

O grande mistério para mim era o exame de tiro. Sabia que seriam vinte disparos em uma folha de ofício, a uma distância de vinte metros. O tempo para a prova era de dois minutos, e os disparos teriam que ser feitos de quatro posições diferentes: em pé, ajoelhado (posição *torre*), sentado e deitado. Eu não tinha onde treinar, mas sabia que tinha habilidade neste quesito, pois, em meu treinamento no curso de formação, mesmo sem nunca ter atirado, possuía grande precisão em meus disparos. Analisando as posições que teríamos que fazer durante a prova, decidi criar uma estratégia para ter o maior número de acertos dentro do tempo proposto. Minha pior posição era deitado. Todas as vezes que fiz esta posição, não tive um bom aproveitamento. Deitar no chão, sem proteção para os cotovelos, confesso que era muito incômodo, não sei se devido à magreza, mas meus cotovelos no chão pareciam estacas pontiagudas fincadas, um desastre. Gastaria a maior parte do meu tempo para fazer os disparos nas posições mais confortáveis e fiquei me visualizando mentalmente todos os dias, como se estivesse treinando. Fui para o exame com essa estratégia treinada.

No dia da prova de tiro aconteceu algo que não esperava: fui tomado por um nervosismo que eu tentava disfarçar conversando. Quando chegou a minha vez, não conseguia acreditar; minha mão estava tremendo descontroladamente. Não tenho dúvida de que você, lendo o que escrevo, vai achar exagero para deixar a história mais bonita, mas minha mão tremia como alguém que tem Mal de Parkinson. Não tinha para onde correr. Após o apito, teria que fazer os disparos, não tinha como esperar aquilo parar. Quando o apito soou, minha cabeça passou a se concentrar apenas na mira. Como tremia muito, buscava puxar o gatilho devagar e só disparar no momento exato que a massa e a alça se alinhassem. Uma bobeira falar isso, já que esse é o mínimo para se acertar, porém eu tinha que me concentrar, mais que o normal, no alinhamento até aquele momento. Não acontecia inconscientemente, era algo que eu ficava repetindo na minha cabeça. Com a experiência que tenho, repetir aquilo não era normal. Imagina sair para dar uma volta de *bike* e ficar pensando que tem que empurrar um pedal enquanto o outro sobe, ao mesmo tempo em que tem que se equilibrar no banco. Bem, era essa minha sensação.

Quando comecei o teste, na posição *um*, escutei a voz de um sargento do Corpo de Instrutores, que passava por trás de mim. Ele falou com um tom muito irônico: "Caralho! Olha esse 'polícia' tremendo, não vai acertar nada".

Fui fazendo os disparos um a um, sem pressa. Atirei muito concentrado nas três posições que julgava serem as melhores, e deixei a posição deitada com um tempo mais apertado. Após terminar, e com os óculos embaçados por conta da transpiração, não consegui enxergar se tinha acertado o alvo. Não era possível que tivesse errado tudo. O alvo era uma folha com uma silhueta preta, e atrás do alvo ficava um barranco.

Quando recebemos a autorização para nos aproximar dos alvos, e ainda tentando entender por que não via nenhum tiro na folha, segui junto com toda a linha[*]. Conforme me aproximava, as imagens foram

---

[*] Éramos 10, tinha candidatos a minha direita e à esquerda, isso para nós é formação em linha, um atrás do outro, coluna ou fila.

ficando mais nítidas. Observei que meus tiros estavam bem agrupados, que todos os disparos tinham ficado na parte preta da folha. Fui contando cada acerto e sendo contagiado por grande alegria. A menos de um metro daquele alvo, finalizei minha contagem com 16 acertos. Fui o terceiro que mais acertou naquela linha, e ouvi daquele mesmo instrutor, que desdenhara, uma frase de espanto: "Caraca! O 'treme-treme' acertou tudo!".

Tinha concluído todos os exames do curso com um ótimo aproveitamento; e concluído a segunda parte da minha caminhada. Fazer parte do 20º Curso de Ações Táticas do Bope/RJ dependeria agora só de trâmites burocráticos, mas não era hora de negligenciar o treinamento. Ainda teria muitas provações até vestir a farda preta.

> "É bom ter uma meta no fim da jornada,
> mas é a jornada que importa, no fim."
> – Úrsula K. Le Guin

Semanas depois, recebi a confirmação. O chefe da P1 estava preparando nossos documentos para o início do curso. "Nossos" porque, além de mim, mais dois policiais que eram da minha turma de Praça também passaram. Soldado Wallace e Soldado Lique. Se a história dos bastidores fosse verdade, aquela que dizia que o Coronel da Unidade não gostava de perder seus policiais, desta vez ele corria o risco de perder três.

3: O CURSO

– REAGE, *26*! REAGE! EMPURRA O JOELHO DELE, FAZ O PÊNDULO E RASPA.

Eram essas as palavras de incentivo que escutava repetirem. Elas vinham dos gritos dos companheiros que estavam assistindo àquela luta.

Eu estava totalmente dominado, e as tapas vinham sem parar. Entravam com tudo por entre meus braços e explodiam em meu rosto. Eu só conseguia proteger algumas partes e qualquer brecha virava uma ótima oportunidade para mais um golpe. A única coisa que pensava era em como poderia sair dali.

Foram alguns minutos, eternos.

Depois de muito resistir, decidi tentar a tal raspagem, que é uma técnica de jiu-jitsu para mudar de posição, e o que eu precisava fazer para escapar daquela surra. Assim que tentei, o instrutor, com experiência na arte marcial, para se proteger da raspagem e se manter montado sobre mim, tentou apoiar-se no chão.

Nesse momento, seu cotovelo bateu com toda força na maçã do meu rosto. Foi involuntário, mas, segundo quem viu, foi padrão MMA. Aquela cotovelada fez um verdadeiro estrago. Não sabia mais o que fazer. Na esperança de acabar logo, voltei a me proteger como estava fazendo antes. A luta de um homem só continuou, mas senti que aquele instrutor já não batia com tanto ímpeto. Talvez tivesse percebido que a cotovelada me inibiu ou talvez quisesse me encorajar, dando-me a chance de lutar um pouco em pé.

Senti a brecha para sair da montada. Decidi que era hora de tentar mais uma vez, e dessa vez consegui. A luta continuou, mas agora em pé, estava determinado a acertá-lo. De frente para ele, percebi que podia atingi-lo. Eu era bem maior, minha envergadura poderia ser uma vantagem. Então, comecei a gingar e disparei uma tapa que explodiu em seu rosto. Senti-me poderoso! Acertei em cheio o instrutor e ouvi meus companheiros comemorando como se fosse uma grande vitória. Quando estava confiante de um possível domínio da luta, vi-o gingar em câmera lenta e soltar um belo golpe, que acertou meu rosto em cheio. Por segundos, vi tudo azul, e quando recobrei a consciência estava levando um *double-leg*, outra técnica do jiu-jitsu, que consiste em pegar o oponente pelas duas pernas para derrubá-lo. Voltei para o solo onde havia lutado para sair. Já sem força, decidi que iria me proteger e esperar o tempo acabar, mas que tempo?

Depois de mais alguns minutos, a luta acabou.

Que alívio!

Segui para o canto do tatame. Os alunos comemoravam minha atuação e tentavam me incentivar. Olhei para o coordenador, que me disse: "Vai pegar gelo, *26*"!

Com um nó na garganta, e com uma vontade imensa de chorar, fiz um gesto com os ombros de quem diz: "dane-se o gelo".

> "Nem a derrota temporária nem a adversidade chegam a se transformar em fracasso na mente da pessoa que as encara como mestras que lhe ensinam qualquer lição necessária."
> – Napoleon Hill

O curso de Ações Táticas começou com o que chamamos de *semana zero*, aquela em que recebemos informações e orientação sobre os materiais que precisaremos para passar as semanas que virão. Quites de primeiros socorros, de sobrevivência, informações sobre aonde deveríamos costurar nossos números, e alimentos que poderíamos carregar. Alimentos como bananada, barra de cereal, no nosso dialeto chamado de obreia. É o momento em que se corta o cabelo, ficando totalmente careca. De acordo com o RG, recebemos o número pelo qual seremos conhecidos pelos instrutores e por aqueles que chegarem ao final do curso.

Eu recebi o número 26!

Somos orientados sobre onde devemos estampar nossos números. Tudo tem que ser exatamente igual. Uma disciplina rigorosa.

Durante a *semana zero,* fico como uma barata tonta, ansioso pelo que encontraria. Converso com cada aluno em busca de aprender alguma coisa. Alguns estão ali pela segunda vez ou vêm de cursos militares de outras forças, como alunos que já tinham sido Fuzileiros Navais, Paraquedistas. Tinha um Sargento da Aeronáutica, um Sargento Fuzileiro Naval e um Policial Rodoviário Federal.

No intuito de não ser derrotado pela falta de experiência, faço muitas perguntas, perturbo tanto a paciência deles que ganhei o apelido de aluno *Bizu,* uma gíria usada para pedir informações. Era como acreditava que podia manter a sobrevivência durante o curso.

Passamos a semana resolvendo todos os trâmites burocráticos, e aí já deu para ver e sentir um pouco da correria que o curso seria. Nosso coordenador, um homem de meia-idade, em plena forma física, careca e de voz um tanto quanto rouca, só falava gritando e tinha o que chamava de *sangue nos olhos.* Alguns alunos do turno, que pertenciam ao quadro de policiais do Bope, diziam que era uma lenda, falavam que ele não daria moleza, que iria jogar duro até deixar os melhores. Sempre que gritava em nossos ouvidos, aquele sargento deixava bem claro: dizia que queria formar apenas dez.

Sempre que ouvia isso, eu ficava olhando em volta e pensando quem seriam os outros nove. Ele também apresentou o caminho mais curto para não ter trabalho. Com bastante entusiasmo, e doido para nos ver desistir, nos mostrou o sino, o caminho mais rápido para acabar com qualquer sofrimento ou cansaço do aluno que não estivesse mais disposto a passar. Aquele era um símbolo que para mim não existia. Estando ali onde sonhava, realizando meu sonho, não tinha absolutamente nada que iria me parar. Só sairia do curso morto!

"Encontre algo pelo que morrer e dedique a vida."
– JAMES KERR

 Fomos liberados na sexta-feira, porém com ordem de estarmos prontos no terraço do Bope na próxima segunda, às 5h30. Passo um fim de semana radiante! Não consigo conter a alegria e felicidade pelos dias que viriam a seguir. Exibo uma cabeça enorme e careca. Estou mais feio do que naturalmente sou, e quando encontro qualquer amigo, parente e até pessoas que não conheço, conto que estou fazendo curso para ser um policial do Bope. Naquela época, muitos não tinham dimensão da magnitude do Batalhão.

 Passei boa parte do fim de semana na casa da namorada, e aproveitando o fato de ela morar perto da praia, mantive meus treinos. Era um sábado com calor de verão. Embaixo do sol forte corri 10 km na areia fofa. Pode parecer exagero, mas ajudava a conter a ansiedade. Próximo ao fim da minha corrida, perto do espelho d'água, cruzo com o aluno *14*, junto de sua esposa, com um olhar tranquilo. Também careca, ele faz um aceno com a cabeça. Em um futuro próximo, iria descobrir que aquela minha corrida faria diferença nas provas dentro do nosso curso.

 Domingo, horas antes da apresentação, estou mais elétrico que nunca. Coloco todos os despertadores da casa para tocar às quatro horas e peço, insistentemente, a minha mãe que me chame. Ela tem o sono leve e nunca perde a hora. Com minha mala arrumada no dia anterior, sigo rigorosamente meu plano, e às 4h30 estou dentro do meu Chevette, seguindo em direção ao Bope. Sou um dos primeiros a chegar e logo vou me arrumando. Imagina chegar atrasado no primeiro dia do curso? Essa é uma marca que não desejava. Fico pensando nos berros do coordenador, que, especialmente para o atrasado, deveria ser o fim. Entramos em forma como já tinha sido determinado por ele, permanecemos ali em silêncio durante minutos intermináveis enquanto assistíamos aos instrutores andando de um lado para o outro, cochichando e trocando informações. Minha cabeça está a mil, evito fazer muitos movimentos, pois isso sempre chama a atenção dos instrutores para você, e geralmente se acaba pagando muitas flexões. Com um leve olhar para cima, noto que aquele não será um dia de "sol". Nuvens negras pairam em cima da gente e sinto um clima diferente. O ritmo não estava tão acelerado. Pergunto-me por que o coordenador, tão disciplinador, tão rígido, ainda não está ali tornando nosso dia difícil.

– Senhores! – falou um dos instrutores. – Eu serei o novo coordenador do curso de vocês.

Ué! Pensei.

– Infelizmente, nosso amigo, irmão de farda, foi assassinado na noite de sábado. São coisas inerentes à vida. Era alguém a quem estimávamos muito, mas a vida não para. Não pensem que o curso de vocês será mais fácil! Terão que fazer por merecer. Vamos honrá-lo com o melhor curso que vocês farão! – disse o instrutor.

Amante de boas histórias que sou, o pouco que vi e ouvi daquele homem me serviu de exemplo e inspiração para ser o policial do Bope que queria ser. Reza a lenda no Batalhão que ele vibrava tanto, era tão apaixonado pelo que fazia, que concluiu o COESP (Curso de Operações Especiais) por duas vezes. Alguém que, sem dúvida, depois de formado, conversaria o máximo que pudesse para aprender tudo que conseguisse. Não o ter conhecido pessoalmente não diminuiu minha tristeza, mas mesmo diante dessa infeliz notícia como recepção, precisávamos seguir em frente.

> "Não se deve buscar um sentido abstrato para a vida. Cada qual tem sua própria vocação ou missão específica para realizar uma incumbência concreta que exige ser cumprida."
> – Viktor Frankl

Começa o curso...

Cada segundo de corrida nos treinos tinha valido muito a pena. Tudo, absolutamente tudo, que fazíamos era, no mínimo, em dupla e correndo. Qualquer deslocamento, por mais simples que fosse, era correndo. Nossa área de cerimonial era no terraço do Bope, uns cinco andares de escadas; e quando não subíamos patrulhando, de forma operacional, como se faz em uma ocasião real, subíamos correndo. Por mais preparado que estivesse, chegava ao último andar com minhas pernas trêmulas e com os músculos queimando. Logo, aprendemos técnicas básicas de patrulhamento, e então parte do deslocamento era feita como se estivéssemos patrulhando uma comunidade. Um "abaixa e levanta" que fazia as pernas ficarem bambas. Nossas corridas não ficavam resumidas à área do Batalhão. Todo dia, a primeira atividade do turno era uma longa corrida até a praia Vermelha, no bairro da Urca, ou até o Leme. A volta era de caminhão; porém, éramos deixados na entrada do Parque Guinle e tínhamos que subir correndo, uma distância de mais ou menos 1,5 km. Esse cartão de visita mostrou quem de fato se preparou fisicamente, e, de verdade, não tem como enganar ou se esconder; as corridas são longas e muito exigentes. Naturalmente, os que não estavam bem ficavam para trás, entrando em uma espécie de lista negra dos instrutores. Aqueles alunos ficavam em destaque por fazerem menos. Vale ressaltar que fazíamos tudo isso, na maior parte do tempo, armados e equipados. Os equipamentos pesam bastante, em torno de 20 a 25 quilos. Carregamos uma mochila com quites, um rifle estilo Segunda Guerra Mundial, colete balístico e a capa do colete por cima. Tudo parecia incrivelmente mais pesado. Se tínhamos algum tipo de compaixão, naqueles primeiros dias, com os alunos sem o preparo físico adequado, logo ouvíamos: "Os fortes que aguentem, os fracos que se arrebentem".

As atividades físicas não paravam. Conhecia algumas das provas que viriam pela frente. O aluno 27, um ex-pentatleta do Corpo de Fuzileiros Navais, já havia me falado sobre algumas delas durante o período em que esperávamos a convocação. Criamos laços de amizade que começaram no CFAP, e estenderam-se durante o estágio, quando fomos juntos para o 31º BPM. Conversamos sobre tudo que poderia acontecer. Eu o perturbava, diariamente, para me levar à Vila Militar e mostrar os exercícios pelos quais passaríamos, até o dia que ele resolveu me levar. Não conseguíamos usar o espaço, a área era restrita, mas ele me mostrava de longe cada aparelho, cada obstáculo, e fazia os movimentos técnicos que deveria usar para superá-los. Olhei cada detalhe, observei cada movimento e gravei em minha mente. Todos os dias repetia aquele circuito em minha imaginação. O obstáculo que ele mais frisou foi o tal *jacaré*, que se constitui de uma corda sobre um fosso e se usa como pêndulo para atravessar até o outro lado sem cair dentro. Ele pedia muita atenção a este, que era considerado o mais difícil, pois errar, provavelmente, arrancaria a pele inteira da mão, e fatalmente não se aguentaria mais passar pelos exercícios seguintes. Fiz jus a minha fama de aluno *bizurado* e durante todo o tempo da espera, andava na rua como um Tarzan, imitando o movimento.

Aqueles dias no curso pareciam infinitos e, na primeira semana, já aconteceriam nossas primeiras provas. Somos levados a um quartel na Urca para a tão aguardada prova de pentatlo militar. Todas as provas são executadas em dupla, com equipamento, e todas com tempo de execução. Não os cumprir significa a exclusão do curso. Meu canga (dupla) era o *27*. Ele tinha cinco anos a mais que eu. Só de olhar para o seu porte físico, percebia-se que ele se dedicava muito aos exercícios, enquanto eu era magro feito um bicho pau. Coloquei em minha cabeça a seguinte estratégia para não me abalar psicologicamente com o tempo da prova: tinha certeza que o *27* sobraria; então, se eu chegasse ao final, o mais próximo dele, teria a certeza de estar dentro do tempo classificatório, e assim o fiz.

Essa prova tinha uns 25 aparelhos, mas um me assustou e outro me surpreendeu. O que me assustou era chamado de piano. Saltava-se sobre degraus, elevados do chão, em forma de trave de futebol, como escada, separados a uma distância de quase um metro entre um e outro. O *bizu* (macete) é focar nos degraus e não olhar para baixo. O receio de cair trava; assim, perde-se o embalo e não se tem mais o impulso para seguir, tendo que continuar como uma criança escalando um sofá, fazendo com que se perca muito tempo. O outro exercício, o que me surpreendeu, foi o rastejo na areia fofa por baixo de arames. Exercício que comecei com tanta vontade e que, após rastejar por 25 m, saí esgotado. Passei por todos os outros obstáculos, sempre colado nele, e terminei essa primeira prova poucos segundos atrás. Se ele e o *30*, que também era ex-pentatleta, monstros, fisicamente falando, não ficassem dentro do tempo, quem mais ficaria?!

Os dias terminavam sempre na madrugada seguinte. Geralmente éramos liberados a uma hora da manhã, com ordem de estar em forma no terraço às seis horas. Tínhamos um alojamento onde podíamos dormir caso quiséssemos, mas não negavam a possibilidade de irmos para casa, se preferíssemos. Em minha cabeça, cheguei a pensar que era melhor ficar e aproveitar o máximo de tempo que desse dormindo; no entanto, o *27* e o *30* tinham outro pensamento. O *27* sempre falava: "Irmão, é melhor ir pra casa e dormir duas horas bem, *que* ficar aqui e dormir quatro mal". Aceitei a sugestão e rumava para casa, sempre que liberado.

Na primeira vez, o *30* pediu uma carona até a Central do Brasil. Curioso, perguntei onde ele morava, e como chegaria em casa àquela hora. Fiquei pasmo com a resposta. Ele morava em Santa Cruz. Levaria duas horas para ir; quando chegasse, teria que voltar. Conheci o *30* no CFAP, escola de soldados, com os seus 26 anos, negro e porte atlético invejável, falava pouco e era uma verdadeira máquina de exercícios. Sabia tudo sobre qualquer assunto e ainda me surpreendia com seu inglês fluente. Seu jeito pacato nunca o denunciava. Ajudá-lo tornou-se uma honra.

Na primeira noite que o levei para dormir em minha casa, liguei para minha mãe enquanto saíamos do Bope e informei que estava a caminho com um amigo. Perguntei se ela poderia fazer algo para comermos. Ao chegarmos, fomos recepcionados com uma bela macarronada, deviam ser duas horas da manhã. Minha mãe é incrível, ficava um pouco assustada com as condições em que eu chegava. Por ser branco e estar cada dia mais pálido e magro, meus hematomas eram muito evidentes. Ela sempre nos recebia com a mesma frase: "pra que isso?". Eu ria, comia e desmaiava. Na hora de partirmos, lá estava ela, acordada com um café da manhã reforçado.

– Tia, muito obrigado por tudo! – disse o *30*, e, rindo, continuou: – Se fosse pra casa, minha mãe nem me receber acordada iria.

E eu pensava o quanto aquilo era estranho de ouvir.

As ordens diziam para estarmos às seis horas no terraço, mas para não vacilarmos e *pagarmos flexões*, às 5h45 já estávamos prontos, em posição de descansar. Os instrutores iniciavam o dia com uma rigorosa revista em nosso fardamento – em busca de algum desalinho, sujeiras no coturno; e nos quites, para verificar se alguém não carregava algum material exigido, água no cantil e limpeza do armamento. A falha de alguém pesava sobre todo o grupo, e se fosse um aluno recorrente em erros, o dia era um verdadeiro martírio. Não se pode permitir que alunos que se dedicam menos se formem e tenham os mesmos méritos daqueles que cumpriram a marca. Entregar-se ao comprometimento com o grupo é algo exigido desde sempre no Bope.

As semanas eram intermináveis, e as provas seguiam, uma atrás da outra, para nos testar e separar os que estão fisicamente preparados daqueles que não estão. A área de estágio da Brigada Paraquedista era localizada na Vila Militar, próximo ao CFAP. Pensei por dias a fio nela, e chegou a hora de encarar o tal *jacaré*. A área de estágio, onde teria a prova, é formada por exercícios com corda. Alguns chegam a ter seis metros de altura. É bem assustador para quem passa por ali a primeira vez imaginar que vai encarar cada obstáculo daquele equipado, é de fazer desistir. Antes de começar a prova, os instrutores fazem uma demonstração sobre qual técnica devemos usar em cada aparelho. Não sei o motivo, mas a corda vertical de seis metros me dava muito medo, e o tal exercício, falado pelo *27*, não pareceu ser tão perigoso. Como em tudo na vida, se você tiver técnica e estiver preparado, os desafios ficam mais fáceis. Não as possuir faz com que se use grande quantidade de força, gastando uma energia que fará falta em outros momentos. Presto o máximo de atenção que posso, sempre reforçando orientações o tempo todo com o meu canga. A prova segue de dois em dois, começando pelos mais antigos. Essa, como na primeira, tem um tempo mínimo a ser alcançado, e me valho da mesma estratégia: ficar colado no *27*. Estava bem claro que, ao fim daquela prova, aqueles que não atingissem as metas seriam desligados por índice técnico.

Chega a nossa vez de entrar na pista. Junto, também a certeza que não tenho a menor técnica, por mais que tivesse observado todos os detalhes e feito muitas perguntas, o nervosismo me consome, então decido usar toda a força.

Seria na raça que passaria pelos aparelhos e usaria a determinação para acompanhar meu parceiro. Faríamos três passagens para conseguirmos o índice. Segundo o que pude apurar, perguntando, as duas primeiras eram as principais; e a última, mais um extra para sugar nossas energias, uma terceira passagem apenas para testar limites, não nos desclassificaria. Então decido que a primeira vai ser matar ou morrer.

Faço a corda vertical, rede, passeio do Tarzan, falsa baiana, tudo isso praticamente colado no 27. Estou indo de vento em popa, mas quando chego ao exercício *preguiça*, que é considerado fácil, sinto meus braços pesados, perco a referência, e sinto que a qualquer momento posso cair. Determinado a não perder aquela chance, enrolo minha perna no cabo de aço em que estou pendurado, sinto-a queimar e ficar dormente. Imagino que a hora que meus braços não aguentarem mais ele vai me sustentar. Não podia, de forma alguma, cair e colocar tudo a perder. Sinto um sofrimento sem igual, mas dou tudo de mim. Uso todo o resto de força que tenho e consigo chegar ao fim do obstáculo, tocando com o capacete na outra extremidade. Agora faltavam apenas dois aparelhos e mais uma rede, que se sobe escalando, sem usar muita força, e se desce por uma corda de seis metros, além do *jacaré* para finalizar a prova.

Bem desgastado, busco o 27 a minha frente, e vejo-o descendo a rede. Escalo e desço o mais rápido que posso e, finalmente, estou de frente para o *jacaré*.

Meus braços estão cada vez mais pesados e já quase não me sobram forças. Errar acabaria com meu sonho. O 27 passou, e do outro lado do obstáculo os companheiros gritam incentivando. Passa um filme em minha cabeça com tudo que tenho que fazer para vencer, e me lanço em uma corrida na direção da corda. Pulo e penso: *não vou errar, porra!*. Estava a poucos segundos atrás dele. Chegar tão colado me garante a ideia de estar dentro do tempo. Usei toda força das minhas pernas, pulei o mais alto e longe que podia, fiz o pêndulo e a técnica perfeita, aterrissando do outro lado.

Na linha de chegada, 27 estava esperando, vibrando como se ele próprio tivesse vencido. Eu deveria estar feliz, mas estava acabado fisicamente. Ando em sua direção enquanto ele me aplaude, dizendo que mandei muito bem.

– Acabou para mim, *27*! Acabou, cara! Não consigo mais levantar os braços.

Tinha feito tanta força para passar pelos aparelhos, que, ao final da primeira volta, simplesmente não conseguia mais erguer os braços.

– Calma, *26*! Calma! Você já fez o índice, cara! Você chegou logo atrás de mim, agora senta aí e descansa um pouco.

Sentei, e ele começou a sacudir meus braços enquanto os outros alunos faziam a prova. Era o tempo que eu tinha para me recuperar. Tentei colocar em minha cabeça que já tinha feito o índice, e isso pareceu me acalmar. Fizemos mais duas passagens, essas foram mais tranquilas.

Bem perto do encerramento geral da prova, começa a chover. Não podia imaginar, mas o pior da parte física ainda estava por vir.

Terminada a prova, sem saber quem passou, somos colocados em ordem. O xerife apresenta o turno para os instrutores. Eles começam a falar que nunca viram um turno tão ruim e que muitos seriam desligados por não alcançarem o tempo, que aqueles que sabiam não ter ido bem, podiam entrar no ônibus e evitar a corrida de volta. Psicologicamente, aquilo tem um efeito devastador. Estamos esgotados, e qualquer corrida seria uma tortura. O ônibus estava a uma distância de 1 km, mais ou menos. Quando a corrida começou, deu para ver que boa parte do turno estava despedaçada. Da Brigada Paraquedista até o CFAP, deve ter aproximadamente de 5 a 6 km, uma corrida fácil em condições normais, mas após um dia inteiro de prova, se tornou torturante, a mais longa da minha vida. Os instrutores iam ao nosso lado, incentivando-nos a entrar no ônibus. Após o primeiro quilômetro, paramos exatamente atrás do veículo. Tudo o que eu mais queria era que eles colocassem todos ali dentro. De repente, alguns cederam à pressão, talvez por saber que tinham ido bem, ou por não aguentar mais o cansaço físico. A corrida continuava, sempre com aquele maldito ônibus a nossa frente. Não parávamos mais atrás, mas toda vez que chegávamos próximo o veículo andava, e os instrutores nos incentivavam a desistir. Imagino que todos ali sentiam o mesmo desejo de entrar, mas não de sair do curso.

O ritmo do turno foi ficando lento, e parecíamos nos arrastar pelas ruas; então, recebemos bons incentivos: chicotadas com uma vareta que doía demais. A retaguarda apanhava e pressionava a vanguarda a correr, o que tirava o turno de formação, fazendo com que todos apanhassem. Como aquilo estava causando muita confusão, nós, que fazíamos parte do final da formação, chegamos à conclusão de que não cederíamos mais à pressão. Decidimos aos berros que poderiam bater à vontade, que não iríamos mais embolar o turno, resistiríamos bravamente. Orgulho-me muito desta decisão. Passei a sentir menos as dores. Isso fez com que os instrutores nos deixassem em paz e fossem para a vanguarda, perturbá-los.

Durante a corrida, pude ajudar outros alunos, e, por pior que estivesse, era possível ainda estender as mãos para alguns amigos que estavam sucumbindo. Assim que chegamos ao CFAP e ficamos em forma, o *14* deu uma meia virada para trás e me agradeceu por tê-lo incentivado. Pequenas atitudes são grandes equalizadoras de energia. Senti uma tremenda paz e um silêncio que me dizia que eu estava muito bem, que era importante para o grupo e que poderia fazer parte daquela vitória. Sem me mexer, corro meus olhos pelos alunos, percebo que estão esgotados e vejo vapor saindo dos seus corpos, uma cena que jamais esquecerei.

> "Ninguém está livre do fracasso. Ninguém consegue remar sozinho. Encontre alguém para compartilhar a sua vida. Faça tantos amigos quanto possível e nunca esqueça que seu sucesso depende de outros."
> – WILLIAM H. MCRAVEN

Por fim, entramos no ônibus. Somos "empilhados" na parte de trás e partimos em direção ao Bope, sempre cantando canções militares, ainda que esgotados; elas têm o poder de entrar em nossas entranhas e nos dar fortes doses motivacionais.

Estou de frente para um aluno e decido interromper a canção para fazer uma pergunta.

– E aí, está gostando? É como você esperava?

– *26* – respondeu ele – vou te falar, entrei no filme errado. Achei que era um curso mais calmo, mais técnico, mas a batida aqui é cruel, uma semana inteira só de suga.

Não me contenho e dou uma risada; não de deboche, mas a cara que ele fazia era hilária.

O dia termina religiosamente sempre na madrugada. Somos liberados para o descanso e temos que nos apresentar na manhã seguinte às seis horas. Missão: capinar e limpar toda a área do estande de tiro. Assim passamos todo o sábado.

No domingo, tenho a oportunidade de estar com toda a minha família em um churrasco. Estão todos muito surpresos com a minha coragem, e curiosos quanto à careca e à tamanha magreza. Mostro, orgulhosamente, cada roxo que conquistei durante aqueles dias. Como não sentir orgulho? Afinal, escolhi estar ali. Esse papo de que o curso nos deixa mais violentos é mentira. Muitos especulam se a agressividade do treino torna o policial mais violento na rua. Pensa comigo, alguém é obrigado a entrar no ringue do UFC? Não. No Bope também não. Sempre vi a Corporação como uma religião da qual sonhei em fazer parte. Aquele curso é só uma tradição de iniciação. Nunca, nem por um momento, fui violento nas operações com quem quer que fosse, e nunca vi ninguém com quem trabalhei ser. Você não vê o José Aldo e o Anderson Silva saírem por aí batendo nas pessoas só porque apanham em uma luta; pelo contrário, são muito mais capazes de controlar suas ações por compreenderem sua força. Sabem ser exemplo para os seus fãs. Isso não é diferente com o policial do Bope. O pior tapa na cara que recebemos é a generalização que colocam homens honrados no mesmo patamar de bandidos que, de alguma forma, vestiram a nossa tão orgulhosa farda de policial.

Na segunda-feira pela manhã, a batida não muda, e os dias que se seguiram foram verdadeiros desafios. Somos colocados em forma, e o instrutor anuncia o número daqueles que não atingiram os índices. Esses não entrariam no ônibus. Apesar de o anúncio causar uma imensa ansiedade, tinha a certeza que continuaria, não tinha que me preocupar. Aquele turno, que começou com 32 alunos, ficou reduzido a vinte.

Começamos as partes técnicas. As instruções de tiros são inúmeras e passamos por muitas instruções de armamentos. Tenho o imenso prazer de ter aula com o Sargento Rocca, um *sniper* do Batalhão, considerado uma lenda por muitos de seus comandados. Magro, de pele morena e um tom de voz baixo, sempre com um ar sarcástico e disposto a dar atenção quando solicitado. Acho incrível essa disposição que grandes líderes têm de contribuir. Em sua aula, ele cita a lenda Chris Kyle, que, anos depois e após sua morte, deu origem ao filme *Sniper Americano* (2015). Anos após aquele dia, tive o imenso privilégio de patrulhar ao seu lado, ainda que uma única vez; fomos ao morro do Adeus e depois para Nova Brasília.

Aulas de combate em ambientes confinados, para resgate de reféns, e uma intensa rotina de conduta de patrulha, aulas de defesa pessoal... Apesar de o curso ter entrado nessa parte, a pegada não mudava. Tudo que fazíamos tinha que ser correndo, e sempre em dupla. No retorno ao Batalhão, continuávamos subindo a alameda correndo. Fazíamos muitas flexões de punho cerrado, no asfalto quente, em descidas e com o corpo virado para baixo, o que aumentava o peso do corpo sobre as mãos e as feriam ainda mais. Às vezes até tentávamos aliviar um pouco mudando a posição da mão, mas, se fôssemos descobertos, o sofrimento seria pior. Por mais que tivéssemos treinado em casa, as mãos não aguentavam, e por vezes abriam pequenas feridas, que se não cuidadas inflamavam.

Ficávamos o dia inteiro fazendo alguma manobra, e à noite começavam as instruções de luta. O clima ficava tenso, os instrutores afrouxavam um pouco e permitiam que os componentes das equipes, que eram de curso anteriores, nos colocassem um pouco de terror e pressão psicológica. O dia da equipe *Charlie* era o pior. Fazíamos rastejo no terraço sem parar. Em uma dessas longas noites, tivemos que rastejar de ponta a ponta no terraço. Do outro lado, em pé, um policial, de estatura mediana, branco, olhos claros, aparentava ser muito maior da posição de rastejo, exibia seus brevês. Todos à sua volta pareciam ter muito respeito e admiração por ele. Estávamos de frente para mais um exemplo a ser seguido, mais um que eu considero uma lenda, Sargento Gripp, o *RAIO 01*, primeiro colocado do primeiro Curso de Ações Táticas, que aconteceu no ano de 1996. O *Raio*, com uma faca cravada, é o símbolo do curso, todos que chegam ao fim conquistam o brevê. A faca simboliza o sigilo; e o raio, a velocidade nas ações. Pedir a bênção dele era algo muito honroso. Após atravessar todo o terraço, ele dava a bênção e voltávamos rastejando.

Em uma outra noite, em que a equipe *Charlie* estava de serviço, um dos alunos foi "sequestrado" por eles. A irritação dos instrutores era muito grande, pois um aluno havia desaparecido e ninguém sabia onde estava. Negligenciamos o básico, que dizia para sempre andarmos em duplas. Muito irritados, os instrutores deram ordens para procurá-lo e, junto, a promessa de uma noite interminável. Todos saíram com seus cangas para tentar achá-lo. Sabia que algo aconteceria e tentava ficar longe dos olhos dos instrutores e dos integrantes da equipe *Charlie*. Imaginava que eles queriam pegar outro aluno, mas quando cheguei perto do alojamento dos sargentos, vi que tinha uma fila se formando. Tinham alguns alunos, perguntei o que estava ocorrendo, e o *11* me mandou entrar na fila.

Tentei ponderar, mas de repente o Sargento Rocca apareceu na porta do alojamento, e com seu jeito calmo, abriu um sorriso e falou:

– Vai aonde, *26*? Fica aí na fila e aguarda sua vez.

No mesmo momento acato sua ordem.

Entrei exatamente atrás do *11*. Ainda não sabia o que estava para acontecer, mas logo comecei a escutar gritos desesperados, gritos de alguém que era violentamente torturado. Aqueles gritos dispararam dentro de mim uma adrenalina, um nervosismo, e minhas pernas começaram a tremer. Um joelho quase batia no outro, parecia que eu estava descontrolado, eu estava em pânico. O *11* percebeu, me pediu para ter calma, e eu respondi que estava tranquilo. Alguns policiais apareceram, a fila de alunos aumentava. Os policiais gritavam em nossos ouvidos como podíamos ter perdido um aluno. Gritavam que éramos negligentes e se cometêssemos esse erro em uma situação real, perderíamos um amigo. Era uma lição dura, mas real. Um a um, os alunos entravam, e os berros ficavam cada vez mais apavorantes. Gritos de socorro, gritos por Deus...

Chegou minha vez! Não podia acreditar! A surra pelo visto seria das mais pesadas. Literalmente pensava em ir embora. Éramos colocados vendados, ajoelhados no chão de cara para privada, e aí veio uma instrução de alguém que estava atrás de mim.

– Aluno, escuta bem! Vou fingir que vou te bater. Quero que você grite com desespero. Se você fizer corpo mole vou te meter a porrada real.

Senti um grande alívio. Tudo que eu imaginava que aconteceria, fazia parte de uma lição, algo para ensinar o valor de nunca, mas nunca, nos separarmos. Meu corpo relaxou, e como se eu fosse um ótimo ator sendo torturado, fiz minha parte até que todos naquela fila passassem pela provação e voltassem para a instrução.

"O homem que sofre antes de ser necessário, sofre mais que o necessário."
– Sêneca

Cometi um grande erro. Usava as instruções de luta para descansar. Geralmente, elas eram as últimas instruções do dia. Terminava entre meia-noite e uma da manhã. Tinha medo de me contundir e prejudicar a minha sobrevivência no curso. Era o único que não se dedicava o máximo; e sempre que se é negligente, a vida cobra. Por mais que se pense que exista um culpado, o resultado final era escolha minha. Na busca pelo sonho, os muros e obstáculos estavam lá porque nós os colocamos, e eu pagaria o preço por não ter me dedicado.

As provas continuaram, inclusive as teóricas sobre tudo o que aprendemos.

A prova que mais me empolgava era o *estresse fire*. Adoro atirar. Completamente equipados, temos que correr em uma ladeira de mais ou menos 150 metros e seguir pela trilha que leva ao estande, onde estão três alvos e três armas diferentes. Temos um tempo bem pequeno para terminarmos, e várias situações são avaliadas. Não basta atirar bem nos alvos; algumas armas dão pane e é preciso saber resolver. No momento do disparo se está tão ofegante da corrida, que não é simples manter alça e massa no alvo. O mais interessante é que as semanas de treinos nos prepararam para aquele momento. Um teste que é bem próximo à realidade que o policial encontra nas comunidades cariocas. Subidas, corridas e disparos precisos sob pressão. Era hora de mostrar para os instrutores ser merecedor de fazer parte das fileiras do Bope.

Terminamos essa prova sem saber quem tinha passado, já que todas as provas eram eliminatórias. Mais uma vez, somos avisados que o turno foi muito mal e que muitos seriam desligados. Os instrutores diziam mais uma vez que nunca tinham visto um turno tão ruim em um teste de tiros, e que boa parte do turno seria dizimada no índice técnico, mas só saberíamos do resultado na manhã da segunda-feira. Meu final de semana seria interminável.

Na segunda-feira, tivemos uma boa notícia! O coordenador nos informou que todos passaram muito bem na prova de *estresse fire*. Bem diferente da pressão psicológica feita anteriormente. Alcançamos o índice da prova, e todos ali seguiriam firmes dentro do turno.

> "O segredo é não pensar. Isso não significa ser pouco inteligente; significa acalmar a infindável corrente de pensamentos sem deixar a mente atrapalhar."
> – Phil Jackson

A batida física me impressiona, com o passar dos dias continua pesada. Ao contrário do que o *27* me falava, o ritmo não diminuiu com o passar do tempo. Arrisco dizer que piorou.

O *22*, um aluno muito experiente, magrelo, negro e muito ágil, tem uma larga experiência no universo militar. Ex-sargento da Brigada Paraquedista, alguém que tem liderança nata, um verdadeiro amigo, sempre preocupado em ajudar e orientar qualquer um que o solicitasse, ensinara-me as boas lições do universo militar, mas os dias a seguir seriam de provações para ele e para todos nós.

As inúmeras flexões destruíram as mãos de todos, mas as do *22* estavam em uma situação preocupante. Suas mãos estavam muito inflamadas. Usamos nossos quites de primeiros socorros para ajudar, porém a inflamação não melhorava. Nem os domingos em casa, com todos os cuidados, pareciam melhorar. Cada flexão era um martírio para ele. Não demorou para que ele fosse colocado à prova. Enquanto praticávamos infinitas repetições de patrulhamento, alguma coisa ficou a desejar. Estávamos bem em frente à seção de manutenção, onde as viaturas do Batalhão são consertadas, e rapidamente fomos obrigados a nos agrupar e entrar em forma. Os instrutores *davam esporro* quanto à atenção, corrigindo detalhes que não podem passar despercebidos. Ficar em forma, para mim, era a pior coisa do curso. Apanhar, correr, nenhum castigo se comparava a ficar em posição ereta, com os tornozelos juntos, de peito estufado e com a arma a pouco mais de um palmo de distância do peito. Até acho uma posição poderosa, motivadora e que demonstra uma certa presença, mas ficar assim sem poder se mexer, no sol, é torturante. Para piorar, toda vez que se está nessa posição as partes mais estranhas do corpo começam a coçar. Parece proposital, e os instrutores parecem saber disso, valendo-se desse fato para nos testar. Enquanto ouvíamos o que era dito, alguém fez um simples movimento, o que chamou a atenção, e imediatamente veio ordem para ficarmos na posição de flexão.

Colocamos os punhos sobre o solo. O asfalto, além de quente, era bem chapiscado, difícil de encontrar um pedaço que fosse mais confortável. O *22*, com as mãos inflamadas, começava a sofrer e não aguentava ficar como os demais, lutando consigo mesmo para achar uma posição que não o denunciasse. A única que conseguiu é o que chamávamos de pata de gato, as mãos ficam fechadas, mas apoiadas sobre parte dos dedos e da palma da mão.

Por mais que tentasse, não passou despercebido, e logo veio a voz do instrutor:

– *22*, por que o senhor não está de punho cerrado? – perguntou.

Ele faz um breve silêncio. Estou um pouco a sua esquerda e é possível vê-lo lutar para encontrar um jeito, mas é visível que não dá mais.

– *22*, vou perguntar de novo. Por que o senhor não está de punho cerrado no chão, igual ao seu turno?

Ele ainda tentava ajeitar as mãos, quando o instrutor passou por mim indo em sua direção. Quando chegou bem onde ele estava, o instrutor agachou. Quase cara a cara, perguntou mais uma vez.

– O senhor quer ser desligado, *22*?

– Não, senhor! – respondeu ele com um tom alto.

– Então você pode ficar igual aos demais?

– Não, senhor!

Já se passavam alguns minutos, e nossas mãos começavam a pagar o preço. Era visível que daquela distância o instrutor sabia o motivo. A parte superior da mão estava terrivelmente inflamada.

– *22*, levanta! Sai de forma – ordenou o instrutor sem paciência.

Os dois se encaminharam para frente do turno, que permanecia em posição.

– *22*, olha pro seu turno. São seus amigos? – perguntou.
– Sim, senhor!
– Então, *22*, ou o senhor entra na posição de flexão que nem eles, ou o senhor pede pra sair.
– Não consigo colocar os punhos cerrados no chão, senhor!
– Então você vai ter que pedir pra sair, *22*.

Minhas mãos estavam doendo demais. A posição era incômoda, mas ao mesmo tempo comecei a me questionar o que aquele curso queria ensinar. Aquela tinha sido a estratégia dos instrutores durante todo o tempo para tirar alunos que não estavam bem fisicamente, que não estavam preparados, que não cumpriam as provas, mas nós estávamos no início. O curso agora já estava a caminho do final. Tínhamos passado por muitas coisas juntos e eu não estava disposto a me levantar, a sair daquela posição sem ele. Pensava que era melhor ficar ali o dia todo, ter minhas mãos cortadas, a perder um amigo àquela altura. Não passava pela minha cabeça o desejo de vê-lo pedir para ir embora. Ao mesmo tempo, tentava imaginar o que os outros estavam pensando.

– E então, *22*? Vamos acabar com isso. Você quer que te desligue?
– Não, senhor! – respondeu *22*, emocionado.
– Então pede – insistiu uma vez mais.
– Não vou pedir pra ir embora. Não vou embora.

Suas lágrimas eram de alguém que estava determinado a não sair, e de alguma forma contagiou a todos nós. Quando escutei a voz dele embargada pelo choro, ergui a cabeça e vibrei pela sua decisão. Neste momento, alguém do turno, naquela posição, decidiu que era hora de mostrar que éramos uma família, que éramos o 20º Curso de Ações táticas, 200/1. Alguém que da minha posição não enxerguei, mas sua voz alta viera como alívio para as dores que sentia.

– Não pede pra ir embora não, *22*! Eu fico aqui por você o dia todo – gritou.

– Essa porra mesmo, *22*! Não pede, não. – Outro apoio se ouvia.

De repente, todo o turno gritava para ele não desistir, não importava mais a nossa dor, ficaríamos ali por ele. Na verdade, contagiado por essa atitude, minha dor já não existia.

– Essa porra mesmo! – falou aquele instrutor, que segundos atrás queria desligá-lo.

– Agora vocês são um turno de verdade! Agora vocês mostraram que são – disse o instrutor.

– Volta pro seu lugar, *22*. Parabéns!

É difícil explicar o vínculo de um grupo de homens que são forjados com esses valores. Um civil que nunca se pôs à prova nessas condições, que nunca experimentou tamanha relação, jamais vai entender o que se passa ali, que tipo de relação de amor, amizade, companheirismo é criada nesses homens para suportar dias de treino e combate que custarão a vida do amigo à sua esquerda, à sua direita ou até mesmo a sua própria. Cabia a nós, se quiséssemos fazer parte do seleto grupo de combatentes, não o deixar ir.

Todos se deram um rápido abraço. Estávamos prontos para mais quantas horas fossem necessárias, as emoções afloradas e o sentimento de unidade nas alturas. Daquele turno ninguém mais sairia.

Das leituras que fiz para buscar descrever os sentimentos e emoções que vivi durante esse período, nenhuma descreve tão genuinamente o que sentimos naqueles minutos em que o destino do nosso amigo estava sendo decidido. Meu desejo em citar essa passagem fica vivo no anseio de levar ao leitor o sentimento comum de homens que vivem esse momento.

> "Um soldado precisa que suas necessidades físicas básicas sejam atendidas e precisa sentir-se valorizado e amado pelos outros. Se o grupo lhe dá isso, o soldado praticamente não requer mais nenhum outro valor além da defesa do grupo para continuar lutando."
>
> (JUNGER; SEBASTIAN, *Guerra*, 2011, p.232)

Lá estava ele, parado, perto da seção de manutenção. Seu olhar é de um anjo protetor. Popularmente chamado de Caveirão. Quantas vidas de policiais, graças a sua blindagem infalível, ele não protegeu? Quantas manobras que pareciam impossíveis ele já ajudou a fazer? Um veículo, que hoje é chamado de *O lendário 01*.

A instrução seria à tarde, logo após o almoço, e eu não via a hora de entrar no Caveirão. Apesar de citar esse nome no livro, eu o faço apenas para retratar a forma popular como ele é conhecido. Dentro do Bope, nunca usei ou ouvi alguém o fazer. Ainda ali dentro do curso, entre os colegas, fui orientado pelo *11* a nunca usar esse termo. Nunca perguntei o porquê, só segui a orientação.

– Xerife! – gritou o instrutor.

– Senhor! – respondeu o aluno que estava como xerife aquele dia.

– Separa dois para pegar comida e levar lá para cima.

O xerife gritou o nome de dois alunos, antes mesmo de escutarem tudo o que estava sendo dito pelos instrutores. Os dois foram em direção à cozinha pegar nosso almoço.

– Xerife! Você vai levar o turno para o terraço. Comam tranquilos, descansem e desçam para a instrução no blindado, às 13h30 – falava o instrutor.

Era estranho. Ainda era meio-dia e teríamos uma hora e meia para comer, mas, depois de tanto tempo, ouvir que comeríamos tranquilos era animador.

Durante o curso não comi comida do chão; porém, em minha opinião, a forma como almoçávamos era muito pior, mas não convém falar agora. A ideia era aproveitar e se deleitar. Meia hora após chegarmos ao terraço, já deveríamos ter comido e, a essa altura, estar tirando um cochilo abraçado à mochila e ao fuzil (nunca corra o risco de alguém pegá-lo), mas o atraso podia ser algo da cozinha. Esperamos.

A comida não apareceu. Uma hora desde que recebemos a ordem que havia sido dada, e nada. O xerife começa a especular com o turno a possibilidade de haver alguma coisa por trás daquela ordem, algo que os instrutores pareciam estar aprontando.

– Turno – falou o xerife –, a comida não veio. Certamente estão testando a gente. Faltando 15 minutos vamos equipar e ficar em forma lá embaixo como o combinado.

Assim fizemos, equipamos e na hora marcada ele apresentou o turno.

– Então, xerife! Almoçaram bem? A comida estava boa? Deu para descansar um pouco? – perguntou o instrutor.

– Não, senhor! – respondeu.

– Não, senhor?! Como assim, xerife?

– A comida não apareceu, senhor.

– Que porra é essa de "a comida não apareceu"? Eu não mandei pegar essa porra e levar para o terraço para vocês? Cadê os dois que você mandou?

O instrutor estava muito irritado, não parecia uma brincadeira. Geralmente quando era algum tipo de "pegadinha", eles ficavam com a cara de deboche, de quem estava planejando alguma sacanagem, e aquele não era o caso.

Nesse momento apareceram os dois alunos responsáveis pela comida, correndo. Vinham da rua que leva ao estande de tiros Bope. Os dois estavam com uma torre de panelas, seus equipamentos pendurados sobre os ombros, capacetes tortos e pingavam suor.

– Porra, alunos! Aonde vocês foram com essa comida? Qual foi a ordem que dei? – perguntou o instrutor.

– Pegar a comida e levar lá pra cima – respondeu um dos alunos.

– Achamos que era para o estande – falou o outro

Eles saíram correndo para pegar a comida antes que o instrutor passasse toda informação. Como a maioria de nossas instruções era para o estande, e sempre almoçávamos por lá, calcularam errado, deduziram e nos colocaram em xeque. O mais interessante do curso é que ele se parece com a vida. Quando se está em sua zona de conforto, acreditando que vai ser um dia tranquilo, basta apenas um pensamento ruim e tudo pode se desequilibrar. No curso, dizíamos, nesses casos, que íamos do céu ao inferno, e o inferno acabava de chegar pra gente naquele momento.

– Ninguém comeu, né?! – falou o instrutor.
– Vocês não vão *foder* a instrução – esbravejava ele.
– Ordem, xerife! Retirar o capacete.

O instrutor pegou os dois alunos, abriu as panelas e começou a misturar a comida, arroz feijão couve à mineira e o carré. Colocou tudo em uma panela só e começou a preparar. Sempre gostei de um mexidinho, mas óbvio que não era essa moleza. Para completar o cardápio, ele misturou o suco do dia, que geralmente era mate, fazendo um grande *sopão*. Essa era comida de praxe durante o curso, que não convinha lembrar. De forma irônica, eles alegavam que a comida iria se misturar no estômago, então a ideia era facilitar o trabalho. Aquele preparo deixa tudo agridoce, com um gosto quase intragável. Ainda hoje, toda vez que conto sobre como era a hora do almoço a alguém, sinto o gosto do menu que rolou no Batalhão das Forças Especiais no dia da instrução de rapel. Lembro de cada mastigada daquele arroz, feijão, peixe, pirão e mate que comemos. Era difícil engolir ou livrar-se da comida sem ser visto pelos instrutores. Esse era o motivo que fazia minha mãe acreditar que me venceria, ela achava que eu não iria encarar, mas ali não tinha jeito. Se fôssemos pegos fazendo cara de quem não queria a comida ou animados demais com algo que ninguém seria, muito provavelmente tomaríamos todo o sopão sozinhos.

Com tudo preparado, e com meu capacete na mão, ficava imaginando o que viria.

– Xerife, faz uma fila aqui – ordenou o instrutor.

Rapidamente fizemos uma fila. Nunca imaginei que meu capacete viraria meu prato de comida; e minhas mãos, os talheres. Se parar para pensar bem, era até fácil deduzir, já que não nos foi dado a ordem de pegar o quite de almoço, que consistia em talheres, marmita e um saco. Um a um, nossos capacetes foram preenchidos.

– Xerife, vou dar a ordem! Vocês têm cinco minutos pra comer.

Fiquei pensando: como comeria em cinco minutos algo que levaria uma vida? O capacete estava lotado, e ele é tamanho especial, já que minha cabeça é enorme. Estava comendo praticamente dentro de uma caixa d'água. Tentei ir para perto da mata, mergulhei minha mão na sopa e peguei o carré, que estava morrendo afogado. Enquanto mastigava aquela carne agridoce, me sacudia, inclinando o capacete para a sopa ir derramando o máximo que conseguia. De repente, quando os cinco minutos acabaram, a voz do instrutor soou alta no pátio.

– Xerife, ordem! Colocar o capacete na cabeça.

Tive um pequeno *delay*. Ainda não havíamos terminado, mas ninguém ousou perguntar, e também não deu tempo. Mais um berro ecoou.

– Xerife, ordem! Colocar o capacete.

Viramos nossos capacetes na cabeça, tomamos um banho. O osso do meu carré ficou no fundo e pude senti-lo "espetar" meu crânio. Tinha que dar um jeito de tirar sem ser visto, mas não poderia ser naquele momento de gritaria.

Colocaram o turno em forma e seguimos para a instrução no blindado. Fomos divididos em dois grupos. A instrução consistia, basicamente, no embarque e desembarque da tropa de forma que aprendêssemos, ainda que sob fogo, entrar e sair com a maior segurança possível, mas não seria sem a famosa pressão. Acho que a falha do almoço mudou o humor, e com isso a pressão também seria diferente. Com o osso ainda incomodando, assim que a divisão foi feita, a atenção se voltou para o grupo que eu não estava, então de forma ligeira, retirei o osso enterrado na minha cabeça e coloquei no bolso.

Ouvi dizer que a sensação térmica dentro do blindado pode chegar a uns 60 graus, algo que consome boa parte da energia rapidamente. Completamente equipados, parece que somos assados no bafo. A primeira equipe entrou e desembarcou como uma flecha. A paciência tinha realmente se esgotado, e fomos logo chamados. Ia entrar pela primeira vez. O cheiro lá dentro chamava a atenção. *Será que era assim normalmente?* Pensei. Em menos de cinco minutos pude descobrir que não. O cheiro de azedo que se espalhava vinha direto da minha cabeça. Toda a comida que viramos, misturada ao forte calor, já cheirava a azedo. Começamos o nosso desembarque e novas ordens foram passadas ao grupo que estava de fora. Mandaram a equipe se juntar a nossa, dentro no blindado. De dez, passamos para vinte, o que aumentou o calor e o cheiro ruim. Agora, a técnica que era feita sob pressão ganhou temperos e cores. Gás de pimenta e uma fumígena* vermelha foram jogados pela escotilha. A partir daí, tudo virou controle da mente. Atenção à técnica para não entrar em desespero e não ter que ficar trancado ali por muito tempo. O *29*, negro de traços finos, como ele se define, de sorriso sempre aberto, de uma atitude impositiva, teve o azar de tomar o jato de pimenta direto no rosto. Ele estava sentado logo atrás do motorista. Em condições normais, ele teria tido uma dificuldade descomunal para abri-la, já que o blindado estava tombado para direita devido à inclinação da rua, mas no desespero de sair dali e respirar um pouco de ar, virou o *Huck*, abriu a porta e desembarcou correndo.

Não conseguíamos ver o que estava acontecendo, só escutávamos os gritos dos instrutores.

---

* Granada que solta fumaça de cor, geralmente usada para identificar a posição.

– Volta, aluno fujão, volta!

Tomou umas lambadas e pela porta que saiu foi arremessado de volta.

Era impossível não sentir os efeitos do gás de pimenta. O que aprendemos durante todo o curso e nas infinitas instruções com gazes é controlar o desespero causado pelos efeitos. Aquilo vai passar. Ao entrar em pânico, sente-se a necessidade de respirar mais, o que torna tudo ainda mais difícil. Por mais que possa parecer estranho, essa didática ajuda em muitas questões reais de rua. Nas ações policiais, aprender a pensar sob estresse faz muita diferença.

Recebemos a ordem para começar o desembarque técnico, e tudo pareceu mais tranquilo do que estar lá dentro. Repetimos isso durante toda a tarde. Quando já estava anoitecendo, começamos mais uma sessão de corridas intermináveis, carregando pedras e troncos, totalmente equipados.

> "Más decisões são tomadas não devido à falta de uma habilidade ou de capacidade inata para fazer avaliações, mas em decorrência da incapacidade de lidar com a pressão num momento crítico."
> – JAMES KERR

Já teve aquela sensação de que você podia ter feito um pouco mais, estudado um pouco mais ou ter corrido só um pouco mais rápido naqueles últimos metros? Esse pouco a mais, que não custa durante todo o processo, parece algo grandioso quando se é colocado em teste. Era chegada a hora de pagar a conta com a minha falta de entrega nas instruções de artes marciais.

O teste de luta é uma prova como as outras, mas não é eliminatória nem classificatória, pelo que eu saiba. Consiste em um teste de coragem, uma espécie de MMA, uma luta contra um lutador experiente, convidado pela equipe de instrução. Alguns podem ser do próprio

Batalhão, como foi no meu caso. A prova tem a duração de cinco minutos, não vale socos e, nessa hora, tudo que você aprendeu durante todo o curso é posto em prática. É um *round* para a história da sua vida. O único momento do curso onde o aluno está liberado para golpear o seu oponente, seja ele quem for, era um jeito de colocar em prática tudo que aprendeu até ali.

    Estávamos sentados, encostados na parede oposta à porta de entrada para o tatame, aguardando mais instruções. Estava apreensivo, nunca briguei em minha vida inteira e teria que lutar para valer com alguém que sabia fazer bem o que eu nunca havia feito, e pior, tinha me dedicado muito pouco a aprender. O coordenador deixou o turno com o instrutor de luta e disse que iria ao rancho. Assim que ele saiu, entrou um dos lutadores oponentes do teste: o Cabo Gasco, um *sniper* com quem tive prazer de patrulhar anos depois na favela Nova Brasília, uma das comunidades do Complexo do Alemão. Talvez ele não se lembre, mas eu jamais esquecerei. Um policial com seus trinta e poucos anos, de cabeça raspada, estatura baixa, forte como um touro, e sempre com sorriso fácil; além de jogar capoeira, tinha um ótimo jiu-jitsu. Entrou e foi direto falar com o instrutor, que já foi dizendo em alto e bom tom.

– Gasco, sabe de quem o *26* é primo? – perguntou o instrutor.

– Não – respondeu ele. Mudando de direção e vindo na minha.

– Do Cabo Felizola.

Ele parou bem na minha frente e mandou que me levantasse. Levantei, fiquei na posição de sentido, acreditando que ouviria berros. Sem esperar, tomei uma tapa, o mais forte durante todo o curso. Forte e inesperada. Ainda bem que aprendemos a ficar com o maxilar sempre trincado. Pegou-me de surpresa e desequilibrei para o lado direito. Voltei para a posição de sentido. Assim que volto, sem saber como, estou no chão, e ele fazendo *a montada*.

Não sabia se já estava valendo. A única coisa que fiz foi tentar proteger meu rosto da chuva de tapas que vinha de todos os lados. O turno, ainda em silêncio, assistia a minha luta. Eu já devia estar ali há alguns minutos quando o coordenador entra no Tatame.

— Ué, já começou? Quantos minutos tem?

O instrutor responde não ter marcado o tempo, então o coordenador pede mais três minutos de luta.

O turno começou a incentivar.

— Reage, *26*! Reage! Empurra o joelho dele, faz o pêndulo e raspa ele.

Eu poderia achar que fui pego de surpresa quando minha luta começou, mas a verdade é que não estava preparado nem para o mais fraco dos oponentes.

Em sua autobiografia, Arnold Schwarzenegger (2012, p. 70) descreve esse sentimento após realizar o sonho de chegar aos EUA para competir e perder: "Eu não estava tão bem preparado quanto poderia estar [...] Podia ter dado um jeito de treinar mais [...] quem não fizera tudo o que podia para se preparar fora eu".

Assumir o resultado com uma análise verdadeira do que se fez e deixou de fazer para obtê-lo afasta a frustração e a vontade de culpar alguém, devolvendo a você o controle do seu potencial para possibilidade de um resultado diferente no futuro. Aquele olho roxo virou uma âncora positiva, um troféu conquistado, parte de uma história de aprendizado.

A instrução chegou ao fim, e o meu olho já estava bastante inchado. Após todos passarem pelo teste, o xerife recebeu a ordem de equipar o turno em dez minutos e apresentar-se ao instrutor, no pátio do Batalhão.

Ao chegarmos ao pátio, por volta de uma hora, fomos divididos em duas patrulhas. Iríamos para instrução de patrulhamento na comunidade de Tavares Bastos. Essa comunidade fica ao lado do Batalhão e é usada para esse tipo de instrução. Patrulhamos com o máximo de silêncio para nunca incomodar os moradores. Ainda que meu olho estivesse ruim, fazia o máximo para ser um dos pontas, um dos primeiros da fila. Ficamos no agacha e levanta durante toda a madrugada. As pernas queimavam, e eu estava esgotado. Queimei muita energia naquele teste, e aquelas horas rodando, afiando o movimento que um *Bopeano* sabe fazer bem, consumiu o resto da energia que tinha. Às cinco horas fomos recolhidos para o Batalhão. As ordens eram para tomar café da manhã e apresentar o turno pronto às seis horas no terraço.

Antes dessa reapresentação, e dentro dessa uma hora, tínhamos que limpar o armamento, a farda, engraxar o coturno e fazer barba. Sempre tive muita facilidade de ficar acordado a noite toda, mas os horários em que o sono mais me pega são entre cinco e sete da manhã. Estava extremamente exausto, então decidi me deitar e tirar aquela hora para descansar, estava entregue.

– *26*, você não vai fazer a barba nem tomar café? – perguntou o *27*.

– *27*, estou morto, não vou fazer nada.

– Claro que vai! Calma aí.

Ele pegou um barbeador e me obrigou a fazer a barba, ali mesmo, deitado, enquanto foi buscar o café para eu tomar. Colocou a caneca e o pão ao meu lado e esperou até que eu começasse a comer. Esse tempo passou voando e já era a hora de irmos para o terraço.

Estávamos em forma quando um instrutor chegou. Meu olho roxo parecia chamar a atenção de longe. Além da notícia de ser primo do Cabo F, trazia o que chamava reforço do café da manhã, gengibre e 2 ovos.

– *26*, de quem você é primo? – perguntou.

– Do Cabo Felizola, senhor!

– Por que você não contou antes, *26*?

– Porque nunca me questionaram sobre isso, senhor!

– Aqui a gente descobre tudo, *26* – falou desviando a atenção de mim.

Parecia animado para começar a distribuir suas guloseimas, e perguntou se tinha algum voluntário. Resolvi ser proativo e voluntário, acreditando que conseguiria escolher o gengibre. Tudo o que eu queria era fugir daquele ovo, imaginava que vomitaria caso tivesse que o comer, mas meu tiro saiu pela culatra.

– Então, *26*, qual você quer? – perguntou.

Eu rapidamente escolhi o gengibre, mas ele me fez comer os dois ovos crus. Engoli rápido. Após os estourar na boca, confesso não ter sido tão ruim. Não senti nem o gosto.

Quando o coordenador chegou, recebemos a notícia que iríamos para um patrulhamento real, na comunidade Pereira da Silva, no bairro das Laranjeiras, próximo ao Batalhão. Fizemos a incursão pelo mato e fomos até bem próximo às entradas que ficam na parte de cima. Observamos a movimentação, mas nada que justificasse uma investida. Estávamos na mata há um bom tempo, ela levava ao estande do Batalhão. Após decidirem que não entraríamos na comunidade, nos foi dada a ordem para começarmos uma longa caminhada até o topo.

Chegamos em um grande descampado na parte alta. Tínhamos entrado na mata às oito horas, e quando chegamos ao topo, devia ser por volta de meio-dia. O clima estava bem amigável entre as equipes de instrução e os alunos, não estavam "perturbando", mas a velha batida de todos os dias recomeçou. Fomos do céu ao inferno, e uma gritaria começou. Flexões e lambadas começaram e mudaram o clima.

Começamos a andar na mata novamente e saímos no estande do Bope, onde a pressão aumentou.

– Xerife, vocês preferem rastejar aqui no estande ou descer até o Batalhão na marcha do patinho? – perguntou um dos instrutores.

O turno ajudou na resposta, escolhemos a marcha do patinho. Eu não sabia como era essa marcha, mas sabia que rastejar naquele estande seria um martírio. Estava esgotado e não existe nada pior que rastejar sem proteção nos joelhos e cotovelos. Estava muito magro, pesando uns 75 kg. Arrastando a ponta dos cotovelos e joelhos no chão era como se os esfregasse em um verdadeiro ralador. Abririam feridas logo no começo. O estande é um descampado de terra batida, com muita areia e pedras pontiagudas, com mais ou menos cem metros de comprimento. Ir e voltar àquela altura era algo que ninguém desejava.

A tal marcha não era mais tranquila. Tínhamos que andar agachados, quase de cócoras. Uma posição nada confortável que coloca uma pressão muito grande sobre os joelhos. Começamos a caminhar ladeira abaixo, de certa forma aliviados de fugir do rastejo, e rapidamente descobrimos o quanto aquilo doía. Tentávamos nos levantar um pouco para aliviar a pressão, mas tomávamos lambadas nas costas, e rapidamente abaixávamos. A distância até o Batalhão era grande, e a pressão nas pernas devido à inclinação também, então às vezes valia levar umas chicotadas em troca de alguns segundos em pé. Estava no meu limite, quando falei para o *27*, quase que sussurrando.

– Pra mim acabou, vou chegar lá embaixo e vou embora.

– Vai embora nada, *26*. Você sabe que o curso acaba hoje.

– Que nada! Todo dia falam que o curso acaba hoje, e nunca acaba. Você falou que a pressão era só nas primeiras semanas, e isso aqui está pior que no começo – resmungava.

– Cala a boca, *26*! Fica quieto.

Quando faltavam duzentos metros para chegar ao Batalhão, na curva do brocha, o instrutor mandou o xerife se levantar e colocar o turno novamente em forma.

– Xerife – enfatizou o instrutor. – Vocês vão descer agora cantando e vibrando, mas eu quero que vocês cantem para todo mundo ouvir. Quem eu pegar de moleza vai entrar na porrada. Eu quero ver o joelho no peito, queixo pra cima e muita vibração nessa porra!

O xerife organizou bem o turno, era um ótimo líder, e enquanto passava, sussurrava que era para fazermos bonito, que era nosso momento, nossa formatura. Aquelas palavras me soavam como uma tentativa de me fazer acreditar e, assim, me sentir animado, mas será que era isso mesmo? Sempre que o *pau quebrava*, falavam a mesma coisa, e nunca acabava. Criou-se até um bordão que dizia "curso nunca acaba".

Escolhemos a *Charlie Mike* (canção militar) que mais nos empolgava, e com o joelho no peito e pulmões a todo fôlego, descemos em direção ao pátio do Batalhão, cantando e vibrando com nosso grito de guerra.

Quem és tu?
Raio de metal, cravado na faca tu és imortal.
Todo de preto, combatente urbano
És *Deus, é o demônio*
És *tu, Catiano.*

> "Vencer não me surpreende,
> Eu me preparei para não perder."
> – Royce Graice

No dia 1 de dezembro de 2006, tornei-me um *Catiano*. Passei pela provação e conquistei meu sonho. Fui recompensado pela luta, foco e determinação aos quais me dediquei, incansavelmente, durante anos. Na classificação final, eu, um cara às vezes desacreditado, fui o terceiro colocado, atrás do *27* (primeiro) e do *32* (segundo), e à frente de um dos caras que mais admiro, o *30*. Escrevi meu nome no quadro de cursados do Bope e recebi o meu raio, 442.

Ao chegarmos no pátio, todo o efetivo do Batalhão daquele dia estava pronto para nos receber e dar as boas-vindas. Lembro de uma faixa com os dizeres:

"Sejam bem-vindos, novos Catianos do 20º Curso de Ações Táticas 2006/1"

4: BOPE, EQUIPE BRAVO

PARTE DO REVÉS DE CONQUISTAR UM SONHO OCORRE AO CHEGAR LÁ E não ter mais um novo propósito, algo que motive, que faça continuar. Existem muitas histórias de atletas e empresários que conquistaram tudo, e de uma hora para outra se viam solitários, afogados em um sonho sem sentido. Na palestra a que assisti do Bernardinho, ele cita dois fatores que motivam o ser humano, "necessidade e amor". Não fiz nada até aquele momento pela necessidade, nunca desejei entrar para a polícia por estabilidade de emprego ou salário, que era um dos mais baixos do Brasil. O que me motivava era o amor pelo Bope e a admiração pelos homens que ali estavam, então tratei de traçar novos planos e criar novos propósitos dentro daquele sonho que acabara de conquistar. Meu objetivo agora era chegar à equipe *Bravo* e ser da *Bravo 1*.

O Bope era formado por quatro alas, cada ala de serviço tem uma equipe: *Alfa, Bravo, Charlie e Delta*. Cada equipe se divide em quatro frações: *Alfa 1, Alfa 2... Bravo 1, Bravo 2, Bravo 3 e Bravo 4*, e assim também com as demais. Cada ala possuía uma equipe de Grupo de Retomada e Resgate, *GRR*. Eu, que sempre fui muito observador, percebi algo que talvez fosse coisa da minha cabeça, mas via que cada equipe tinha um perfil comportamental, um jeito peculiar de se portar; umas eram mais calmas; outras, mais agitadas, vaidosas...

Em minha cabeça, a *Bravo*, além de ter meu perfil, possuía alguns amigos que me ajudariam na caminhada. Tinha um brado que me motivava muito, e toda vez que ouvia aquele *Força e Honra*, na hora de sair de forma, dava vontade de entoar junto. Consigo me lembrar da primeira formação dessa equipe quando cheguei ao Batalhão. Não vou citar o nome de todos, por não ter autorização, mas eu já estava decidido. Seria da *Bravo 1*, e um dia puxaria a ponta.

Depois de formados no curso, ficamos algumas semanas esperando a transferência definitiva paro o Bope. Enquanto isso, ficávamos à disposição da equipe de instrução. Todo dia tinha algo diferente para fazer: capinar, descer entulho, construir parede ou derrubá-la, serviços que nunca acabavam. Quando saiu a classificação, fomos distribuídos nas equipes de serviço. Eu, o *27* e o *25* fomos colocados na *Delta*. Não via a hora de começar a trabalhar na patrulha.

No meu primeiro dia, cheguei cedo ao Batalhão, estava radiante. Não conhecia ninguém daquela equipe muito bem, mas fui muito bem recebido. Tomo meu café e vou para o alojamento colocar o uniforme de educação física. Todo dia pela manhã, quando não tínhamos operação, começávamos com uma longa corrida no intuito de manter a forma. Apresento-me no pátio do Batalhão, e entro em forma para dar minha presença. Às oito horas da manhã em ponto, os nomes começam a ser chamados um a um. O meu nome, surpreendentemente, não está na lista. Informo ao responsável que meu nome não foi chamado, sou novato, muito provavelmente ele ainda não me conhecia, mas informo que pertencia àquela equipe. Ele se volta para a lista que está em suas mãos e vai folheando uma a uma, até que encontra meu nome no rodapé da última folha, e em cima dele um asterisco com a observação: fazer gozo das férias relativas.

Comecei em 30 de maio de 2015, oficialmente, a perseguir aquele sonho, sem contar a preparação antes mesmo de ser policial. Era fevereiro de 2007; desde então, quase dois anos depois de ter entrado, e de toda a jornada para chegar ao Bope, ainda não havia parado. No meu primeiro dia como membro da equipe, teria que aguardar mais um mês para vestir minha tão sonhada farda preta.

As ruas teriam que esperar. Eu estava de férias.

"Quem trabalha fazendo o que ama, está sempre de férias."
– Ditado popular

Volto de férias e sou colocado na equipe *Charlie*. Ficar vagando de equipe em equipe era tudo que eu não queria. As equipes são como verdadeiros times, você precisa pertencer a um. Depois disso, dificilmente você sairá dela. Preciso alcançar o novo objetivo traçado na minha cabeça. Quando chegamos, ainda muito novos, e *Catianos*, trabalhamos inicialmente na guarda do Batalhão. Sabia que se ficasse por lá sem chamar a atenção, sem criar as oportunidades, levaria muito tempo até ser testado de verdade.

Na guarda das equipes éramos seis, divididos em duplas, para tomar conta das dependências do Batalhão. Cada dupla ficava quatro horas e descansava outras quatro; tarefa que, inicialmente, achávamos muito ruim; precisávamos dar um jeito para deixar aquilo mais confortável e de poder "piruar" saídas com a equipe de serviço de rua. Chegamos à conclusão que o melhor seria trabalhar em turnos de doze horas. A primeira dupla ficaria das 8 às 20 horas; e a segunda dupla desceria às vinte horas e entregaria o serviço às oito horas do outro dia. Achei bem interessante aquela divisão. Além de aumentar o descanso linear, criava oportunidade para quando acabava o plantão da guarda, às vinte horas. Sobrava tempo livre até às oito horas; então, poderíamos nos colocar à disposição da equipe e ir junto para a rua.

Foi como patrulhei a primeira vez. Já tinha cumprido meu horário na guarda baixa e estava no alojamento *desequipando*, quando chegou uma denúncia ao Batalhão. Um bandido conhecido como Tota, um dos chefes do Complexo do Alemão, tinha dado entrada em uma clínica para receber cuidados médicos. A denúncia dizia que ele tinha sido baleado. Quando vi a equipe se aprontando para verificar, desci junto e me apresentei ao responsável. Ele gostou da iniciativa. Iria junto com o Sargento Moraes e o Crow, os dois trabalharam juntos mais de quinze anos. Perguntou-me se eu tinha carteira de motorista; ao responder que sim, mandou que eu dirigisse a viatura.

Seguimos com brevidade até o bairro de Vicente de Carvalho, subúrbio do Rio de Janeiro, mas a denúncia não procedia, era falsa, segundo as pessoas que nos receberam. Elas foram muito cordiais, nos levando pelas dependências da clínica. Percebi, naquele dia, que sair da guarda para ser motorista era uma verdadeira furada. O motorista da viatura não anda junto com a patrulha, fica guarnecendo-a, tomando conta para que não a incendeiem ou a depredem. Se houver qualquer dano, o motorista é o responsável; e sempre que a equipe o aciona de algum lugar, você tem que ir buscá-la. Meu desejo, naquele momento, era não ter nem habilitação.

Andando pelo Batalhão, deparo-me com o *29*. Pergunto em qual equipe ele está, e descubro que está trabalhando no expediente. Ele me passa que estão precisando de uma pessoa na P3, pergunta se eu teria interesse. Inicialmente, aquela proposta não me enche os olhos, queria a ação das ruas, mas de forma inteligente ele abre meus olhos.

– *26*, vem pra cá, *neguim*! É importante conhecer todo mundo dentro do Batalhão.

A ideia dele pareceu convincente, e pensei que se desenvolvesse um bom trabalho e boas relações, quando quisesse voltar para equipe eu poderia chegar a *Bravo*, ainda que ficasse na guarda. Coloquei-me como voluntário, e no serviço seguinte já estava trabalhando na P3.

Em um dia de expediente, entrei na P1 para entregar um documento. Fiquei sabendo pelo *29* que estavam à procura de um voluntário para o curso de Policial Cidadão, que seria ministrado no 19º Batalhão.

Na hora me acendeu uma luz. Perguntei se podia ser eu o voluntário, coloquei-me à disposição, ainda que aquilo estivesse fora de tudo que eu imaginava viver ali. "Se puder ser eu, a gente resolve logo o problema", falei. Na minha cabeça, era uma forma eficiente de criar bons laços. Imaginava que aquele era um passo rumo à equipe *Bravo*. O *29* abriu um sorriso, e, com seu jeito de falar, disse: "essa porra mermo, neguim".

Iria ficar um mês indo para o 19º BPM.

Semanas após o curso de Policial Cidadão, decidi que era hora de voltar para a equipe e conseguir ser mandado para a *Bravo*. Esse foi um sinal de que fiz o melhor enquanto estive no expediente. Naturalmente, sabia que ia esquentar o banco da guarda, mas tinha conseguido! Ali também fizemos o mesmo plantão de 12 horas. O *29*, que estava de volta à equipe, já tinha ido a algumas operações. Os mais antigos gostavam dessa atitude, ela demonstrava vontade, mostrava que estávamos dispostos a chegar para somar. E ter mais um no combate é sempre melhor. Estava esperando minha chance, e ela não demorou a chegar.

"Ajudando os outros a vencer...
Podemos triunfar melhor e com mais rapidez."
– Napoleon Hill

Como aconteceu na equipe anterior, tinha acabado de sair do meu pequeno plantão de doze horas, na guarda baixa, e não entraria mais no revezamento. Poderia ficar deitado na minha cama até a manhã seguinte ou aproveitar a oportunidade e aprender mais do meu ofício. A ordem para aquela noite era intervir em uma guerra entre traficantes no morro da Pedreira, no bairro de Fazenda Botafogo, subúrbio do Rio de Janeiro. Na *Bravo* tinha mais abertura, isso por conhecer pessoalmente muitos de seus integrantes; e aquela noite a *Bravo 1* e a *Bravo 3* eram as frações que ainda estavam no Batalhão. Fui direto ao Cabo R. Carneiro e ao Soldado Joel Jr., ambos da *Bravo 1*, e pedi para patrulhar aquela noite com eles. Eles gostaram da iniciativa e me conduziram até o sargento responsável. Realizava o sonho de trabalhar com a *Bravo 1*, mas queria ser da fração de forma definitiva. Estava esperto quanto a "não dirigir", seria trocar uma guarda pela outra. Então, assim que falei com ele, expliquei meu desejo. Disse que estava saindo da guarda e que gostaria de ir com a patrulha; que se ficasse ao volante, eu não teria oportunidade de aprender na prática. Era natural que o motorista da fração visse em mim alguém que o liberaria da função, mas não naquela noite. O sargento me olhou e consentiu com a cabeça, mandando que fizesse a retaguarda.

Fomos para a favela da Pedreira, pela Avenida Brasil. O morro possui esse nome, segundo minha dedução, pela comunidade ter crescido em volta de uma antiga pedreira. Como já era tarde da noite, estava sem trânsito e chegamos bem rápido. *Brifamos* por onde iríamos subir. A rua margeava exatamente a exploração da rocha. Estava tudo muito sombrio, meu coração palpitava apreensivo devido ao primeiro estampido de um disparo dos traficantes. A sensação de estar patrulhando e ouvir uma rajada, que os marginais não hesitavam mandar em nossa direção, deixava-me cheio de adrenalina. Aquele clima parecia propiciar esse momento. R. Carneiro e Joel Jr. puxavam a ponta com uma habilidade incrível. Eu estava fazendo a retaguarda com o Cabo Lino, um ótimo policial, negro e com um jeito de sorrir engraçado, de um humor de deixar qualquer um constrangido, era melhor nunca vacilar perto dele, pois as piadas seriam das mais pesadas. Sentia-me bem entrosado ao seu lado e firme na minha posição. A cada beco escuro que passávamos, cada avanço, trazia mais confiança e a certeza de estar no lugar certo. Fomos com toda perícia que uma patrulha do Bope pode ter até a parte alta, onde ficava o Destacamento de Policiamento Ostensivo (DPO) do 41º BPM. Constatamos que eles haviam chegado primeiro e estabilizado o terreno. Patrulhamos mais algumas horas sem achar nada, então decidimos que já era hora de voltar.

Chegamos ao pátio do Bope. O sargento fez um pequeno *debriefing* e me parabenizou pela atitude. Subi para o alojamento satisfeito e com a certeza de que estava no caminho certo.

Naquele ano, ocorreu um assalto que chocou o Rio de Janeiro, difícil esquecer. Assaltantes roubaram um carro onde estava uma família, um dos integrantes ficou preso ao cinto, sendo arrastado por muitos quilômetros. No local onde o assalto ocorreu passou a ter uma viatura baseada para impedir novas ocorrências; porém, marginais que passavam pelo local aproveitaram a situação e assassinaram os dois policias com dezenas de disparos de fuzil. Segundo testemunhas, ainda tiveram tempo de roubar o fuzil do policial morto.

Informações davam conta de que os assassinos vinham se escondendo na Vila Cruzeiro, e iniciaram-se várias tentativas de prendê-los. A Vila Cruzeiro é uma comunidade da zona norte, no bairro da Penha, subúrbio do Rio de Janeiro, aos pés da famosa Igreja da Penha. A mesma favela onde um repórter, que fazia uma matéria investigativa, foi identificado e levado para o tribunal do tráfico, que o sentenciou à morte. Era uma favela com traficantes fortemente armados. Com o passar dos anos, eles adaptaram o terreno para que fosse uma área de difícil acesso para polícia. Em muitos becos, em muitas esquinas e lajes tinham banques feitos de concretos, com espessuras de mais de 30 cm, com canos por dentro que protegem os marginais contra qualquer resposta à injusta agressão deles.

Em uma das tentativas de fazer a prisão desses marginais, a operação terminou em uma verdadeira tragédia. A equipe *Charlie* chegou de manhã cedo à comunidade e foi recebida com um intenso ataque a tiros. Os marginais se abrigavam muito bem e atiravam sem a menor preocupação de matar um policial.

Para descrever o que aconteceu naquele dia, entrei em contato com um grande amigo, que tive o prazer de trabalhar. Os fatos a seguir são narrados por ele. Na época soldado, Rós contou que:

A gente foi de viatura pela rua Nossa Senhora da Penha. Ao cruzarmos a Vasco da Gama, escutamos um disparo; então, achamos melhor desembarcar, já que de viatura seria mais perigoso. Começamos a tomar tiros de algum ponto alto, à direita da posição que estávamos. Não conseguíamos progredir para a parte superior da favela. Os tiros vinham de um lugar que não dava para identificar. Os malditos banques davam a eles vantagens tremendas no terreno. Estávamos protegidos do lado direito, mas precisávamos atravessar para o outro lado para conseguir identificar a posição deles.

Brifamos que responderíamos, e respondemos. Nesse momento, os disparos cessam. O W. Santana percebeu uma oportunidade de ganhar o outro lado da rua, o lado que lhe daria uma visão mais ampla de onde vinham os tiros. Isso daria a chance de tirar a patrulha daquela situação. Aquele era o momento de dar um lanço (correr de um lugar seguro a outro), fazer o que fomos treinados para fazer. Foi uma atitude ousada e corajosa, no momento perfeito, mas quando estava quase alcançando o abrigo na esquina, marginais perceberam a movimentação e voltaram a atirar. Um dos tiros o acabou acertando e ele caiu antes mesmo de chegar ao outro lado. Ninguém sabia a gravidade do seu estado; estava deitado, imóvel. Nem sei exatamente o que pensei, corri na direção de uma viatura, dessas normais da polícia, eu tinha que o tirar daquela situação e tentar socorrê-lo o mais rápido possível. Entrei, acelerei o mais fundo que eu podia na direção dele, parei bem próximo de onde os tiros pegavam; foi um milagre eu não ter sido atingido, nem a viatura. Desembarquei, corri até ele e consegui pegá-lo pela alça do colete. Os disparos continuavam vindo, eles não paravam de atirar, tentando nos acertar. Sabia que se tentasse levá-lo para a viatura, as chances de eu ser baleado com ele em meus braços seriam grandes; então, o arrastei pra trás do muro, na esquina. Conseguia sentir que ele ainda estava vivo. Pedimos apoio do blindado, que estava do outro lado da favela, e que veio "voando" para nos resgatar. Era a única chance de sairmos dali. A patrulha estava fazendo o possível para nos ajudar, mas os tiros não pararam. Foda! Era melhor esperar. Assim que o blindado chegou, coloquei o ferido dentro. Não segui junto para o Hospital Getúlio Vargas, precisava ficar ali, seguir na missão e prender quem fez aquilo. La dentro, com o mundo desabando sobre nossas cabeças, recebemos a notícia do falecimento do colega.

O Soldado W. Santana não estava mais entre nós, entraria para o *hall* da patrulha da saudade. O Soldado Rós, anos depois, foi condecorado por bravura. No papel, a condecoração resume um ato heroico, ato que as pessoas entendem que foi além das obrigações do policial, mas que, entre nós, é o ato que esperamos de nossos irmãos em combate. Sabemos que é esse tipo de atitude – o de nunca sermos abandonados – que nos dá coragem de enfrentar o mal. "Sem dúvida eu trocaria minha bravura pela vida dele". Com essa frase, o hoje 2º Sargento Rós finalizou sua narrativa.

Uma operação que tinha como missão prender assassinos de policiais acabou levando um amigo. Os desdobramentos deste ocorrido seriam longos e, agora, a busca seria também pelo assassino de um dos nossos.

"Um herói é alguém que deu sua vida para algo maior que si mesmo."
– Joseph Campbell

Após a morte do nosso policial, as buscas pelos assassinos continuaram. Fazíamos o que chamávamos de megaoperação. Juntávamos duas equipes: a que estava saindo de serviço com a que estava entrando. Com o efetivo dobrado, íamos para a missão, podendo cobrir um perímetro maior do terreno.

Uma dessas megaoperações ocorreu na minha saída de serviço. *Bravo* e *Charlie* se juntariam e iriam incursionar juntas. Estava em meu horário das 20 às 8 horas, e via os policiais da *Charlie* chegando para a operação ainda de madrugada. Torcia para que eles saíssem depois das oito horas, o que me daria a chance de ir junto. Torci tanto que acabou acontecendo. Ao chegar no alojamento, avisei o cabo mais antigo que iria com eles, mas ouvi algo que não esperava. Ele, muito experiente e cauteloso, disse que não era para eu ir, que ainda não tinha experiência para encarar o que iríamos encontrar lá, e era melhor eu ir devagar.

– Como assim, se eu não for, como vou aprender? – questionei.

– Não, novinho! Lá é muito mais perigoso que as outras que você já foi. Precisa de mais experiência.

Foi quando o Soldado Joel Jr. deu força ao meu pleito.

– Porra nenhuma, se ele quer ir, deixa ele ir, ele é cursado igual a todo mundo aqui. Já patrulhou com a gente várias vezes, se só for aonde não acontece nada, nunca terá experiência.

– Bem, vocês que sabem, eu acho demais – finalizou.

É normal, no Bope, a preocupação dos mais antigos com os mais novos. É uma questão de irmandade, não de desmerecimento. Sabia que a preocupação era pertinente, mas estava ali para viver aquilo, desejava justamente estar nas principais operações.

A conversa chegou ao fim; então, *Jojó* (apelido do Joel Jr.) mandou que me apresentasse ao *01*. Saindo da guarda, por mais que já tivesse patrulhado com a *Bravo 1*, ainda não tinha uma patrulha fixa. Apesar do desejo de patrulhar com eles, fui designado a acompanhar a *Bravo 4*. Era novo, ainda precisava ser *abraçado* definitivamente pelo sargento que a comandava. O lado bom de patrulhar na *Bravo 4* naquela operação era que eu faria a retaguarda de dois ídolos que eu tinha no Bope, os Cabos Sanches e Jota. Imagina o que era para um jogador da base jogar ao lado de seus ídolos? Era assim que eu me sentia!

Recebemos a ordem de assumir um dos blindados, entraríamos pela rua A, uma das principais que leva ao DPO e que, na época, tinha na parte alta. Assumimos e, junto com todo o comboio, seguimos pela Avenida Brasil em direção ao bairro da Penha. Apesar de toda a adrenalina correndo em minhas veias, o clima dentro do blindado em direção à Vila Cruzeiro era bem descontraído, o que ajudou bastante a afastar a tensão. Sabia que não iríamos ter moleza. Mesmo sabendo da nossa chegada a quilômetros de distância, os traficantes não tinham a menor preocupação em fugir; em vez disso, faziam barricadas com carros, pedras, trilhos de trem e qualquer objeto suficientemente pesado para impedir o avanço do blindado. Era um universo bem parecido com o dos noticiários do Iraque e Afeganistão. Impressionava!

O comboio parou em frente ao Corpo de Bombeiros da Penha para os últimos detalhes e alinhamentos. Nossa patrulha recebeu a ordem de abrir caminho. Assim que chegássemos lá em cima, deixaríamos parte da fração e voltaríamos para pegar os demais.

Saímos em direção ao DPO. Quando viramos a primeira esquina, já dentro da comunidade, tiros vieram em nossa direção. Rodávamos procurando a melhor via de acesso para chegar ao objetivo, porém todas elas estavam bloqueadas com pedras enormes que impossibilitavam a passagem. Tentamos por algumas vezes nos posicionar para descer e tirar as menores, que podiam ficar presas em baixo do blindado, mas os marginais atiravam na direção das pedras, isso tornava a ação muito arriscada. Enquanto procurávamos uma rua, o Cabo Sanches observou um beco que o permitiria descer com segurança, levando-o até a Rua A. O Cabo Sanches é uma lenda viva no Batalhão, considerado por todos um excelente policial. Alto, de fala firme, muito brincalhão, apesar de a gente não saber identificar se ele estava *tirando um sarro* ou falando sério. O tipo de líder que pula sem mandar que você venha atrás, mas com a certeza que todos os que comanda pularão.

Estávamos no início da Rua A quando ele falou para o motorista, que era o *11* do meu curso:

– Júlio, volta até a outra esquina e me deixa no beco à esquerda.

– Vem mais dois com a gente.

Incrível o entrosamento que ele tinha com o Cabo Jota. Eles se comunicavam por meio da ação, sabiam se interpretar e não precisavam de muitas discussões; sabiam o que tinham que fazer, e faziam bem. Jota era alguém que vivia para honrar o Bope. De estatura mediana, negro, magro, de fala fina, um cara brincalhão; ele gostava tanto de apelidar a todos que era o cara com mais apelidos entre seus amigos, um deles era *Biruleibe*, por ele se parecer com um *MC* que ficou famoso no Rio de Janeiro. Havia conhecido o Cabo Jota na segunda-feira após ter me formado no CAT. Cheguei ao Batalhão para cumprir um dia normal de expediente e me dirigi ao rancho para tomar meu café da manhã. Estava sentado, sozinho, quando, de repente, da cozinha ele veio em minha direção; cumprimentou-me, dando os parabéns pela conclusão do curso e começou a falar:

– Esses caras vêm aqui pra me zoar! Só estou aqui porque eu estou operado. Tive que operar o saco, deu um negócio aí que ficou enorme – disse.

Ele estava em pé, à minha frente; e eu, sentado escutando. Tento imaginar quem de fato era ele. Será que o que dizia era verdade? Ele não parava de falar.

– Vou te falar, ainda não vi fazerem o que já fiz. Estou surdo de um ouvido depois de uma granada explodir na minha cara. Já banquei muita guerra nesse Batalhão aqui. Uma vez, fomos eu e mais dez lá no Adeus, uma comunidade vizinha ao Complexo do Alemão. Na época, os traficantes locais eram rivais, tinham 150 vagabundos lá pra tomar o Complexo do Alemão; e nós estávamos apenas em onze.

Ele tentava contar nos dedos quem estava com ele, mas só se lembrava de poucos nomes. Pelo que eu estava entendendo, como o clima de *zoação* era algo comum na equipe, outros policiais, aproveitando que ele estava no rancho recuperando-se da cirurgia, não perdiam a oportunidade de encarná-lo.

Eu não tinha noção de quem ele era. A história parecia um pouco demais, até que o *11* chegou ao rancho e se sentou ao meu lado para tomar seu café.

Naquele momento, o policial que me contava sua história de bravura voltou para cozinha.

– Quem é ele? – perguntei.

– J. dos Santos – diz o *11*. – É uma lenda aqui dentro.

Estive sentado de frente para o cara do qual seria fã, alguém com o coração maior do que ele mesmo, um apaixonado pelo Bope. Não muito distante daquele dia de nossa conversa, agora estávamos dividindo o mesmo blindado. Combateríamos lado a lado a mesma guerra.

A porta do blindado se abriu, dando proteção para que entrassem no beco. Com eles desceram mais dois ótimos policiais. A porta se fechou e eles sumiram no beco. Fiquei imaginando o que eles iriam fazer. Não tinha a menor noção do que enfrentariam, mas queria muito ser um dos que desembarcaram. Antes que eles descessem, o Cabo Sanches avisou para posicionar o blindado na subida da Rua A, onde estávamos, e falou em um tom tranquilo: "sabia que ia sobrar pra mim". Foi exatamente o que fizemos. Era uma posição desconfortável, tomávamos tiros de todos os lados. Eu estava sentado à retaguarda, não podia me desconcentrar; afinal, podíamos ser surpreendidos a qualquer momento, mas a intensidade dos tiros na parte da frente me deixava inquieto. Queria ver o que estava acontecendo. Um falatório sobre os quatro policiais que haviam desembarcado começou. Não resisti, precisava olhar; então me virei para frente e vi o Sanches e o Jota dando lanços de um lado para outro da rua. Subiam debaixo daquelas rajadas, que agora não mais vinham em nossa direção, mas os caçavam em meio a ousada subida para o alto da comunidade.

A ação, feita de forma pensada, mas com a ousadia que diferencia os homens, nos deu espaço para descer do blindado e arrastar algumas das pedras que impediam a nossa passagem. Astutamente, eles desviaram a atenção dos traficantes, avançando em sua direção e permitindo que pudéssemos continuar em nosso objetivo.

Passamos pela barreira de pedras e começamos a subir a rua, quando nos deparamos com marginais em um beco, escondidos atrás de um *bunker*. Eles abriram fogo contra nosso blindado. A seteira[*] que estou me deixa posicionado frente a frente com os marginais. Estou com meu fuzil ParaFal 7.62 e decido que é hora de responder àquela agressão. Entro em uma intensa troca de tiros, quando um disparo deles explode bem na janela que estou usando para visualizá-los. Ela estilhaça! É absurdamente assustador imaginar que, se não fosse blindada, eu jamais teria escrito esse livro – e pensar que, em meio a essa guerra, já ouvi pessoas querendo a extinção do "anjo protetor"; graças a Deus, elas não são ouvidas. Quando minha munição acabou, levei alguns segundos para trocar o carregador. Percebi que eles usaram esse tempo para fugir detrás do *bunker*. Avisei 11 que podíamos continuar a subida, pois eles tinham evadido.

Quando chegamos, notei que o quarteto que desembarcou no início da rua já estava lá. Fizeram um *360°*[**] para proteger o perímetro em que os quatro, sozinhos, dominaram.

> "Perde-se ou se ganha guerras pelo feito agregado de milhares de decisões como essa durante combates que em geral duram apenas minutos ou segundos."
> – Sebastian Junger

---

[*] Buraco no blindado por onde colocamos o fuzil para fazer disparos, dialeto usado dentro do nosso universo. De um modo geral, seteira é uma fresta.

[**] Termo técnico para dizer que entramos em uma formação para proteger um perímetro.

O restante da patrulha desembarca. Fico com a missão de, junto com o motorista, buscar as equipes que ficaram esperando em frente ao Corpo de Bombeiros, levar todos para o DPO e dali dominar todo o terreno.

Todos nós estávamos na parte mais alta da favela, e, de certa forma, parecia que estávamos encurralados. Marginais aglomerados na localidade conhecida como Esquina do Pecado se colocaram em posição de ataque. A rua que levava até essa esquina estava bloqueada com trilhos de trem e barris concretados, não tinha como ser desbloqueada naquele momento. Os marginais vinham até bem próximo desses bloqueios, disparavam na direção do DPO e voltavam para uma espécie de base.

Eu era novo, talvez fosse um pensamento tolo, mas me ocorreu enquanto estava ali que os bandidos poderiam evitar, que eles não estavam sendo atacados; poderiam ter evadido quando estávamos na Avenida Lobo Jr., ainda distante. No entanto, preferiram travar um confronto. De forma nenhuma isso me parecia falta de oportunidade.

O Sanches e o Jota tomaram a iniciativa mais uma vez.

– *01*, posso tentar uma coisa para nos tirar daqui? – perguntou Sanches.

– O que você está pensando em fazer.

Os dois explicaram os planos que tinham na cabeça e fizeram um único pedido.

– Assim que chamarmos, o senhor manda o blindado até as barricadas.

O *01* ouviu com atenção e, com a confiança que tinha em seus homens, permitiu que se lançassem em mais uma jornada heroica.

Agora o quarteto tinha mais um integrante. Posicionaram-se na esquina. Esperaram o momento certo, responderam de forma precisa, correram e viraram em um beco à esquerda; depois, sumiram mais uma vez.

Quando eles partiram, me dei conta que estava sem minha fração. Os cinco que se lançaram na missão, mais o motorista do blindado e um outro integrante, estavam empenhados. Eu precisava me incorporar a uma das patrulhas que estavam ali, posicionadas, à espera para entrar em combate. Aproximei-me do Cabo Alberto. Tinha-o conhecido ainda no estágio no 31º BPM, quando fazia seu curso de confirmação de divisa para cabo. Sempre com um jeito calmo de falar, enchia-o de perguntas sobre o universo do Batalhão e descobri que durante boa parte da minha vida fomos vizinhos de bairro. Com tantas possibilidades próximas para nos conhecermos, foi no Bope, em meio ao combate, que os laços se estreitaram. A patrulha dele era a *Bravo 1*. Expliquei-lhe que fiquei sem a minha. Não estava planejado, nem sequer pensei nisso naquele momento, só pensava no que deveria fazer; e o Cabo Alberto me mandou fazer a retaguarda com ele e Cabo Lino.

Não demorou muito e chamaram pelo rádio, pedindo apoio ao blindado. Os disparos dos criminosos estavam mais intensos, tudo indicava serem exatamente em cima deles. Ouviu-se uma quantidade de tiros ainda maior. O blindado desceu a rua em direção à barricada. Nossa patrulha seguiu atrás, desembarcada, usando-o como uma espécie de escudo. Seguimos agrupados, nos protegendo dos disparos que acertavam o Caveirão em cheio. Paramos nas barricadas e entramos em confronto mais uma vez. Dezenas de marginais estavam na Esquina do Pecado, estávamos flanqueando sua posição, foram cercados e obrigados a fugir, correram e se espalharam, entrando para os becos.

Depois de muita batalha, liberamos aquela localidade, o lugar mais perigoso da Vila Cruzeiro naquele dia. Tínhamos que atravessar a esquina e seguir a rua em busca daqueles marginais. R. Carneiro estava na ponta com Joel Jr.

– E aí, Joel, vamos atravessar correndo direto? – falou R. Carneiro

– Vai bancar essa? – perguntou, achando graça da ousadia.

Joel Jr. era um policial muito habilidoso, moreno, baixo, sempre mancando por causa de um joelho que vivia dando algum tipo de problema, mas que nunca o tirava de combate. Um grande fazedor de amigos, com uma ótima popularidade e de opiniões contundentes, independentemente de ser soldado. Se não fosse para ir na ponta, provavelmente ele não iria.

– Eu banco – respondeu o Cabo R. Carneiro

– Então vamos.

Passaram pela esquina, como *brifaram*, e toda a patrulha os seguindo, como tem que ser. Era uma subida, estavam avançando quando, de repente, um traficante saiu de um beco e tentou nos surpreender. Estava com um *AK-47*, arma de origem Russa, amada pelos principais tiranos do mundo. Rústica, requer pouca manutenção, quase nunca falha em seu funcionamento. Ele não estava ali para evitar o confronto; sem se importar com as consequências, disparou contra nossa patrulha.

Eu estava na retaguarda com o Cabo Alberto. Nos protegemos atrás do mesmo poste, sentimos os disparos passarem bem perto, a ponto de escutar o zunido da munição. *Jojó* e Cabo R. Carneiro conseguiram se abrigar rapidamente e dispararam contra o agressor, mas não o acertaram. Entretanto, a ação foi suficiente para que ele não investisse mais contra a gente. Entrou em um beco e desapareceu.

Minha adrenalina estava a mil!

Tomamos um perímetro mais acima. Vamos patrulhando os becos, sempre com muita perícia, fazendo com maestria aquilo que o dia a dia nos aperfeiçoou. Entramos e saímos de vielas.

De repente, escutei o Sargento Macena, que vinha de um beco em minha direção.

– Tá aqui, Freitas?

– Sim, senhor – respondi.

Até aquele momento tinha um misto de medo e respeito por aquele sargento. Era do tipo sem meias-palavras, falava a verdade sem se preocupar se você ia ficar com cara de *cotchoco*. Meu medo vinha da época em que estava fazendo o Curso de Ações Táticas. Ele estava no CFAP, fazendo curso de sargento. Toda vez que o curso desembarcava por lá, ouvia ele falar: "Olha o *26*, filha da puta, é primo do *Frango*, sou doido pra arrebentar ele". E eu ficava pensando: *meu Deus, não deixa ele chegar perto de mim.*

Trabalhar ao seu lado ensinou-me o valor de tratar seus liderados sempre com a verdade, e ficar do lado certo, independentemente de quem estivesse do outro. Se ele fizesse uma pergunta, geralmente já sabia a resposta, queria apenas avaliar sua postura, e se você gaguejasse, escutava um sonoro: é meu *piru*! Este era o sinal de que você havia falhado com ele. Se trabalhar ao seu lado foi transformador, a maior honraria era ser considerado seu amigo, e eu me tornei um.

Escutei o rádio dele tocar, e logo veio uma ordem.

– Aí, vamos pra Esquina do Pecado, o *01* pediu pra fazer um 360° e manter a segurança naquele local, tá preocupado de a vagabundagem se reagrupar lá – disse Macena.

Parado na Esquina do Pecado, em uma situação que me parecia menos vulnerável, deixei meu pensamento vagar. Olhei em volta e vi aqueles heróis com semblantes vitoriosos, reparei o cenário daquele combate e as emoções conflitantes que ele podia causar. O brilho nos meus olhos, a ênfase nas minhas palavras, deram a ideia de que aquilo era o que eu desejava; mas era exatamente o oposto: era meu trabalho. Se não o fizesse com alegria e comprometimento, aquela situação seria de enlouquecer. O nosso conforto, o nosso motivo para rir repousam na capacidade de sermos os homens dispostos a qualquer sacrifício por dias melhores, ainda que tenhamos que entrar em combate. A grandeza da nossa ação está em sacrificar nossa vida por outra. Busquei literaturas que compartilham de momentos como o que vivi, e elas expressam esse sentimento.

O livro *Guerra* descreve essa situação da seguinte forma:

> "Guerra é uma palavra grande e esparramada que traz muito sofrimento humano para a conversa, mas combate é outra história. Combate é um jogo menor, pelo qual jovens se apaixonam, e qualquer solução para o problema humano da guerra terá de levar em conta o psiquismo desses jovens. Por alguma razão, há uma profunda e misteriosa satisfação num acordo recíproco para protegermos outra pessoa com nossa vida, e o combate é, a bem dizer, a única situação em que isso acontece com regularidade."
>
> (JUNGER; SEBASTIAN, 2011, p.223 e 224)

Posicionei-me em um beco, completando a proteção do perímetro. Uma rápida olhada no relógio e constatei que era meio-dia. O comandante da nossa patrulha era o Sargento Roberto Silva, que ia a cada um dos homens certificar-se de que estavam bem; era um líder nato.

Quando chegou perto de mim, se espantou como quem não soubesse da minha presença.

– Ué, Freitas, o que você está fazendo aqui? – perguntou ele.

– Patrulhando com vocês, sargento! – respondi.

– Qual é a sua patrulha?

– Ainda não tenho, sargento. Estou na guarda, mas vim voluntariamente. Vim com a *Bravo 4*, mas eles desceram em outra missão enquanto eu trazia o pessoal para o DPO. Aí *colei* com vocês.

– Sério? Essa porra mesmo! Então veste a camisa, agora você é *Bravo 1*.

5: PUXANDO A PONTA

AGORA EU ERA UM MEMBRO DA *BRAVO 1*. TER ENTRADO PARA FRAÇÃO ME colocou em contato com o líder que inspiraria minha vida. Estávamos no alto da Vila Cruzeiro. Nossa operação havia se estendido em uma longa ocupação e ficávamos baseados no DPO. Ali, passei a ter mais contato com o Sargento Roberto Silva, comandante da fração, um homem de estatura mediana, forte, de fala tranquila, muito estudioso e atencioso, dono de uma faixa preta de jiu-jitsu que lhe rendia orelhas estouradas de lutador. Nem é preciso dizer que no Bope ficou conhecido como *Orelha*. Descobri, com ele, o quanto um bom líder pode transformar as vidas de seus comandados, confiando neles e com atitudes simples. Seus direcionamentos ensinaram-me a diferença entre liderar e comandar. Aprendi que bons líderes são capazes de nos fazer entregar além do que de fato achávamos que seríamos capazes. Você faz por que tem que fazer? Sim, mas por trás da execução há um desejo de mostrar gratidão pelo seu líder. Passamos a ter mais iniciativa, pronto emprego, vontade de entregar o melhor. Ainda que o ensinamento não seja de maneira explícita, ainda que ele não ensine de forma didática, suas ações são transformadoras e te fazem segui-lo.

Estávamos em nosso rodízio para manter a favela livre do domínio do tráfico, duas frações ficavam no Batalhão para atender os chamados, e duas ocupavam a comunidade. Éramos dezesseis homens em média, oito de cada patrulha, com um blindado para nos ajudar nos deslocamentos. Rodávamos todos os dias durante horas, mas não achávamos nada. Com o Bope no interior da comunidade, qualquer movimentação de traficantes com armas ou drogas, se existisse, era da forma mais escondida possível. Bastava começar a nos movimentar que os *olheiros* avisavam pelo rádio. Era muito difícil achá-los, já que se misturavam com as pessoas de bem.

Em um dia aparentemente tranquilo, após patrulharmos, a única coisa que achamos foi um rádio transmissor abandonado; provavelmente alguém o deixou ao perceber nossa aproximação. Voltamos para o DPO, era fim da tarde. Quando a fração que estava com a gente foi ao 16º Batalhão para jantar, ficamos em apenas oito para aquele universo gigantesco que é a Vila Cruzeiro. Era bem normal esse revezamento.

A descida do blindado deixou os *olheiros do tráfico* mais agitados. O rádio que achamos horas antes nos deu a possibilidade de ouvir o que falavam. Começaram a falar que nos atacariam, que sabiam que estávamos com poucos policiais. De alguma forma, usavam isso para perturbar, deviam saber que tínhamos achado aquele aparelho.

Aquele falatório no radinho era pouco preocupante, mas notamos que alguns carros saíram da localidade conhecida como *Pedra do Sapo* em direção à parte baixa. Estávamos nas lajes, atentos a todas as movimentações. Naquele momento, o Sargento Roberto Silva resolve nos reunir. Parecia preocupado com aquela movimentação. Fizemos um 360° para um rápido *briefing*. Eu estava do seu lado esquerdo, e então ele perguntou a opinião de cada um sobre o que deveríamos fazer. Algo pequeno, que pode parecer corriqueiro, mas, ao me perguntar, fez com que me sentisse valorizado. Era o mais novo, acabara de chegar. Ele escutou um por um e, baseando-se nas opiniões, decidiu o que seria melhor para o grupo. Uma atitude simples, mas que transformou meu conceito e aumentou minha admiração por ele. No livro *Cesta Sagrada* constatei a visão de líder que cabe ao modelo de liderança daquele sargento.

No *Tao da liderança*, John Heider diz:

"O líder sábio serve a todos: é receptivo, flexível e um seguidor. A vibração dos membros do grupo domina e conduz, enquanto o líder a segue. Mas em pouco tempo, é a consciência dos membros do grupo que é transformada. É tarefa do líder prestar atenção ao processo que ocorre com os membros do grupo; é necessidade do membro do grupo ser aceito e ouvido com atenção. Os dois obtêm o que precisam, se o líder tiver sabedoria de servir e seguir."

(JACKSON; PHIL, 1997, p. 72)

Ficamos em um *360°* em cima de lajes, bem protegidos, até a volta da outra patrulha.

Assim que ela chegou, passamos um pouco do que tinha acontecido na última hora. Assumimos o blindado para ir jantar. Descemos a comunidade devagar, observando qualquer atitude suspeita. Exatamente na parte baixa, fomos alertados pelo motorista sobre dois carros suspeitos, que acabavam de cruzar a sua frente. Decidimos que o jantar podia esperar. Faríamos uma abordagem para verificar. Viramos o blindado na direção que os mesmos seguiam e, antes mesmo de os abordar, disparos explodiram em nossa direção. A suspeita estava confirmada. Os dois carros aceleraram com tudo e seguiram em direção ao Chatuba, morro vizinho que pertence ao complexo de favelas da Penha. A velocidade do blindado e os inúmeros quebra-molas tiravam nossas chances de interceptá-los, assim os perdemos de vista. Seguimos até as ruas que davam acesso à comunidade, entramos em uma que não tinha saída. Manobrar no final dela nos colocava em desvantagem para sair com o blindado mais rapidamente, caso fosse necessário. Então, nosso motorista, muito sábio, decide subir em marcha à ré, nos conduzindo até o início dos becos que levam para o interior da comunidade.

Fico sentado à retaguarda, de frente para o morro. Rajadas de tiros são lançadas sem trégua em nossa direção. Estou com meu fuzil na seteira, mas não consigo ver de onde vêm os disparos. Não é possível enxergar muito à noite, e a pequena janela por onde olho não permite ver. Os disparos podem estar vindo de qualquer lugar. Na Chatuba existia a lenda de um traficante que era capaz de acertar o local onde colocávamos o fuzil, o que não acreditávamos. Tínhamos a ideia de ser mais um disparo de sorte devido à quantidade do que por precisão; porém, não muito distante daquele dia, em uma outra operação, o Cabo Felizola havia se livrado de danos mais sérios. Um disparo, naquele mesmo local onde estávamos, destruiu seu fuzil e estilhaços entraram pela seteira. Como ele olhava por uma das outras janelas da torre que ficam na parte de cima do blindado, os estilhaços cortaram a parte lateral de sua cabeça. Foi levado ao hospital Getúlio Vargas e precisou levar alguns pontos.

Agora eu estava de frente. Disparos continuavam nos atingindo ferozmente. A tampa da seteira daquele Caveirão ficava para fora, diferentemente do blindado *01*. Para abri-la e fechá-la era preciso exercer uma pressão na mola e fazer uma rotação, girando no sentido horário para deixá-la aberta. Estava com a mão repousada sobre a alavanca de manejo, quando senti vibrar. Um dos disparos parecia ter acertado a tampa ou bem próximo dela, a história poderia se repetir. Comecei a avaliar o cenário e não achei que conseguiria fazer bons disparos na direção certa. Decidi não dar sorte ao azar; recolhi meu fuzil e fechei a seteira.

Iniciou-se uma conversa intensa sobre o que deveríamos fazer. Os tiros cessaram, e nossa atenção se voltou para o rádio que os traficantes usavam para nos monitorar. Graças a tê-lo achado mais cedo, interceptamos o que eles tramavam. Ouvimos alguém no rádio dizendo: "para de atirar, deixa eles descerem que nem cocozinho".

A ousadia deles é algo que impressiona. Engraçado é ouvir dizer que eles estão nessa vida porque não têm outra opção. Será? Avaliando a situação, nosso comandante, sabiamente, decidiu que era melhor voltarmos. Éramos apenas oito homens, se desembarcássemos para patrulhar, ficaríamos com seis! Não teríamos apoio, caso algo fugisse do controle.

Todos concordamos com sua posição e seguimos para mais um jantar. Rotina de uma polícia que opera em uma cidade que vive em paz.

> "Líderes criam líderes passando responsabilidade adiante, criando sentimento de propriedade, confiabilidade e confiança."
> – JAMES KERR

Conquistei espaço e vinha conquistando a confiança de todos. Buscava aprender tudo que podia, perguntava muito, estava sempre atento aos detalhes. Queria saber muito bem o ofício e ser capaz de puxar a ponta. Foi algo que coloquei dentro da minha lista de objetivos. Precisava aprimorar minha técnica mais e mais. Porém, tinha que tomar cuidado com o excesso de vontade, fazer as coisas no tempo certo.

Por vezes, ouvi o ditado "é melhor errar para mais". Mas qualquer erro em combate é ruim, independentemente de ser para mais ou para menos. É verdade que os erros trazem grandes lições, mas, em operações, podem custar vidas; e o meu exagero poderia atrapalhar tudo que eu vinha conquistando.

Saí da guarda para o volante da viatura. Dirigia a Blazer sempre que precisávamos fazer algum tipo de missão – a guarda sobre rodas –, mas, agora, era questão de tempo até estar patrulhando.

Certa noite, estávamos no Batalhão quando chegou a ordem de patrulhar vias – como Marechal Rondon, 24 de Maio, Ana Neri, entre outras ruas do subúrbio carioca – onde o índice de arrastão vinha crescendo. O Batalhão vivia em ocupação, e os revezamentos não paravam, o que deixava o efetivo sempre pequeno. Naquela noite, a *Bravo 1* foi dividida em duas viaturas. A ideia era ostensividade, marcar presença, inibir possíveis ocorrências. Saímos por volta das 22 horas e ficamos rodando até o início da madrugada. Não encontramos problemas, fizemos muitas abordagens a veículos em atitude suspeita, e decidimos que o percurso final seria passando pela Rua Goiás, atravessando o Méier, e seguindo rumo a Rua Ana Neri, um caminho normalmente perigoso àquela hora da noite. Seguíamos pelas ruas em comboio, em baixa velocidade, para dar tempo de uma reação rápida, caso fosse necessário. Quando a primeira viatura passava exatamente em frente à favela Rato Molhado, no bairro do Riachuelo, ouvimos um disparo de pistola. Não era possível dizer se tinha sido na direção da primeira viatura, mas imediatamente encostamos na calçada, antes de atravessar a rua que eles tinham acabado de cruzar. A viatura com os outros integrantes, percebendo que não avançamos, também parou.

Não podíamos correr o risco de avançar com a nossa sem saber se os disparos foram ou não em sua direção. A ação de verificar me parecia perfeita. Desembarcamos correndo e fomos com cuidado até a entrada da favela. O Cabo R. Carneiro – um ponta destemido, frio como uma navalha, branco, alto, com um bigode de dar inveja. Adorava acompanhá-lo onde fosse, estava sempre disposto a me ensinar o que sabia, tinha-o como um professor, e não raro me chamava de pupilo – foi virando devagar e avistou alguns homens no fim da rua. Estavam sentados em uma mesa de sinuca, outros em pé, e todos armados. Juntos, demos um lanço para nos abrigar em um poste. Naquele momento, tiros de pistolas voaram em nossa direção e atingiram o poste que usamos como proteção. Carneiro, de forma hábil, revida aquela injusta agressão, faz um primeiro disparo; porém, no segundo, a arma falha. Faço sua cobertura enquanto ele tira o carregador para ajeitar seu fuzil. Dá um golpe, extrai a munição que estava da câmara, para entender o que está acontecendo. Com a calma de quem sabe o que está fazendo, pega a munição que foi ejetada e verifica que, apesar de ter sido picotada, ela não disparou. Os marginais se evadem daquele local.

Sem nada *brifado*, mas com a habilidade de *Bopeanos* e confiança na equipe, começamos a patrulhar com rapidez para o interior da favela em busca daqueles homens. Mais tiros são disparados contra a patrulha, no breu era possível ver a chama do fogo das pistolas. Perco a *ponta 2*. Estou como quarto homem, tomando conta das lajes. Deveria estar na viatura, mas estou exatamente nos becos e vielas daquela comunidade.

Patrulhamos até sairmos embaixo do viaduto que leva ao Túnel Noel Rosa, um local sombrio e escuro. Rapidamente, cada um pega uma posição fazendo um 360° para verificar o novo direcionamento. Estava ajoelhado, tomando conta de um beco, quando ouvi o *Orelha*, Sargento Roberto Silva, falando.

– Chama o Freitas! Pede pra ele trazer a viatura pra cá junto com o *Bola*.

Minha falha, meu erro "para mais", aparece.

– Sargento, estou aqui! – respondo

– Porra, Freitas, quem tá na viatura?

Meu silêncio era a resposta que ele não queria ouvir.

– Caralho! Deixa quieto. No Batalhão a gente conversa, vamos andando – falou.

Ninguém fala nada, vamos caminhando por fora da favela, margeando pelas ruas. Não abandonei apenas a viatura, mas deixei também um amigo sozinho com a outra. Um erro grave que poderia ser irreparável. No Bope, é regra: nunca deixamos um companheiro sozinho.

Fico em silêncio o tempo todo.

Quando chegamos nas viaturas, o *Bola* estava lá, tranquilo e bem abrigado. Todos são muito mais velhos e muito mais experientes. Não ouço ninguém chamando minha atenção e sinto que posso ficar para sempre na guarda, ou até mesmo, dependendo da vontade daquele sargento, ser transferido. Na minha cabeça passam mil motivos para ter cometido esse erro de forma não intencional, mas nada justifica. Não era para fazer e ponto. O caminho de volta para o Bope dura uma eternidade.

Chegamos ao Batalhão, paro em frente ao pátio. Todos desembarcam, eu vou estacionar a viatura. Enquanto estou manobrando percebo que meus companheiros não seguem para os alojamentos, estão parados em círculo. Talvez estejam decidindo meu destino. É hora de encarar meu erro.

Vou em direção a eles e paro de frente para o sargento.

– Freitas, já imaginou se alguém fosse baleado e precisássemos da viatura rápido? O *Bola* ficou sozinho.

Enquanto ele falava, me mantive em um profundo silêncio. Alguns outros falaram também. Diziam entender minha vontade de patrulhar. Por fim, aquele, que sem querer se tornava meu maior mentor sobre liderança e gestão de equipes, me dá uma segunda chance, dizendo que o que havia acontecido naquela noite não poderia mais se repetir, e que aquela história jamais saísse daquela patrulha. "O que acontece aqui, morre aqui", disse aquele líder. Em minha segunda chance, eu iria honrá-lo.

Essa é uma história que nunca foi contada no Batalhão, agradeço demais o carinho que todos os outros integrantes tiveram. Meu desejo de a revelar se faz porque erros são inerentes aos sonhos. Nesse caso, o desfecho no terreno foi tranquilo. A habilidade daquele sargento cada dia transformava mais a minha vida. Como não pensar em me entregar mais e mais? Afinal, recebo o maior ato de confiança que já havia experimentado. Estava feliz, era hora de dormir.

"O primeiro estágio da aprendizagem é o silêncio; o segundo é escutar."
– James Kerr

O tempo passava e eu já acumulava algumas dezenas de incursões... Continuava na *Bravo 1*, mas a fração ia sofrendo algumas alterações. R. Carneiro, Joel Jr. e Lino foram deslocados para cumprir outras missões. Alberto tinha sido promovido a sargento, agora realizava o sonho de comandar uma fração. Depois de ter trabalhado com caras que admiro até hoje, faltava chegar à ponta da patrulha. Na maioria das vezes, é a ponta a ter o primeiro contato com o agressor. É preciso ter uma dose grande de audácia, ser perspicaz, saber avaliar bem os terrenos e ter um sexto sentido apurado para não ser emboscado, além de pensar o tempo todo como um "caçador". Não se é melhor por ser ponta. A patrulha funciona como um time. Cada componente faz parte de uma engrenagem, não somos nada sem nossos irmãos. Meu coração pulsava por esse espaço, e iria conquistá-lo.

Os novos integrantes eram tão bons quanto os que saíram. Patrulhava agora ao lado do *22* do meu curso que estava recém-chegado ao Batalhão, além do *Popó*, um grande irmão que a polícia me deu. Metade da patrulha tinha mais ou menos o mesmo tempo de Bope. Era a hora de puxar a ponta.

Chegávamos para mais uma megaoperação. A equipe *Alfa* iria estender seu plantão. Estávamos chegando para o nosso, havíamos sido acionados e teríamos que estar prontos às cinco horas. Não sabíamos para onde íamos, só seria revelado no *briefing*.

Com as duas equipes prontas no Batalhão, recebemos a notícia de que a missão era na Rocinha, em São Conrado, zona sul do Rio de Janeiro, a maior favela do Brasil. A ideia era capturar um traficante conhecido como *Nem*. Informações davam conta de que ele estava escondido em uma casa perto da mata, na parte alta da comunidade.

Nossa equipe iria em um dos blindados. Subiríamos pelo bairro de São Conrado enquanto outro subiria pela Estrada da Gávea. A melhor parte de ir de blindado ficava por conta da certeza de que eu não iria dirigi-lo, é preciso ter habilitação de categoria D. Outra coisa que aprendi, observando a lógica, era o momento certo de entrar nele. Entendi que se fosse o último a entrar garantia a oportunidade de ser o primeiro a descer, já que os que entram primeiro vão se acomodando no fundo. Então, sempre que começávamos a embarcar, eu avisava que iria ao banheiro. Lá, eu demorava um pouco mais que o normal. Quando embarcava, ficava exatamente na porta. Depois de um tempo, acho que o *Popó* também passou a usar a *minha tática*, e começamos "uma disputa" para sermos os últimos a entrar. Acabamos fazendo um acordo de revezar, ou não embarcaríamos mais.

Estávamos saindo do túnel que leva da Gávea para São Conrado, quando fogos anunciaram nossa chegada. A subida não era tão rápida, e fomos percebidos.

Dentro do blindado, um policial recém-chegado à patrulha se vira pra mim e diz:

– Freitas, vamos fazer a retaguarda?

– Retaguarda? – indaguei. – Vou puxar a ponta – respondi

Ele deu uma risada de incredulidade e se virou para o sargento, como quem acha que aquele ainda não é meu lugar.

– Aí, sargento, falou que vai puxar a ponta.

– Ué! Se ele se garante, é com ele mesmo – respondeu nosso comandante.

Era a resposta que eu precisava ouvir.

Enrolei a bandoleira na mão com a intensidade de quem esperava por esse momento. Começávamos a subida até a localidade conhecida como Portão Vermelho. Àquela altura, era natural que eles abandonassem os esconderijos.

Chegamos à parte alta e desembarco *a toda*, com a maior perícia possível. É incrível a capacidade do morador de uma comunidade não mudar sua rotina em meio a uma operação policial.

Com a máxima destreza vou *fatiando* e passando beco a beco até chegar ao limite entre a favela e o matagal. Começamos a checar as informações para descobrir o esconderijo. Estava em um beco com o *22* quando rajadas, vindo da mata, chamaram nossa atenção. Corremos em direção à rua de barro e encontramos o restante da patrulha. Os tiros ficavam cada vez mais intensos. Provavelmente, alguma patrulha estava entrando em confronto com os marginais.

– E aí, sargento, vamos entrar? – perguntei.

– Vamos!

Até então eu nunca tinha operado em área de mata fechada como aquela. Não tinha ideia da enorme diferença que é operar nesse tipo de terreno, e não demorei a descobrir os perigos que ela esconde. Nos juntamos a outra fração. Meu *irmão 29* estava nela. Começamos a adentrar, não se via muito longe, ficamos limitados, não havia muitas opções de abrigos para nos proteger dos tiros. A vantagem estava toda do lado deles.

Fomos abrindo a mata com cautela. Quando nos demos conta, estávamos de frente para o bando. Acho que eles não acreditavam que iríamos tão longe atrás deles, estávamos a menos de vinte metros. Nessa hora me certifiquei da diferença que era operar ali. Tivemos o azar de sermos avistados primeiro por eles, que não estavam dispostos a conversar. Abriram fogo em nossa direção. Um disparo pega na árvore, entre mim e o *29*. Nossa única reação foi nos jogarmos no barranco atrás de umas pedras. Ficamos deitados, exatamente como nos filmes que retratam a guerra do Vietnã. Os disparos passavam tão perto que escutávamos o zumbido das munições, e uma chuva de folhas caía das árvores que eram cortadas pelos tiros. Eles atiraram durante um tempo, o suficiente para o bando fugir morro acima.

Quando os tiros paravam, verificávamos se estavam todos bem e continuávamos nossa subida. Já estávamos há horas dentro do mato. Escutávamos os helicópteros passando de um lado para o outro. Pedíamos pelo rádio para que não dessem disparos em direção a mata, pois estávamos bem abaixo. Batemos de frente mais algumas vezes, olho no olho, mas não conseguíamos ganhar posição para responder a injusta agressão. Junto com o *22* me arrastei buscando uma maneira de sair daquela situação de desvantagem. Mais uma vez, os disparos cessaram. Estava anoitecendo, o que tornava o terreno ainda mais perigoso; então os comandantes das patrulhas decidiram que não tinha mais o mínimo de segurança para continuar a perseguição. Começamos a retrair com a mesma cautela que entramos. Poderíamos estar cercados, o que tornaria nossa vida um inferno.

A experiência de ter estado na ponta foi debaixo de muita bala, mas era visível que tinha a capacidade de estar nessa posição. Sinto-me confiante, tranquilo, respeitando o momento certo de agir. Era só o começo, tinha atingido tudo que sonhei até aquele momento.

> "Nada acontece a menos que sonhemos antes."
> – Carl Sandburg

Descíamos com calma. Estávamos quase fora da mata. Um último barranco para escorregar e sair. Quando comecei a descer, minha perna se prendeu e senti uma dor imensa no joelho. No primeiro momento, acho que o quebrei. Não consigo desdobrá-lo. Sou acudido pelos colegas, que tentam primeiro me fazer soltar a mão para depois poderem esticar minha perna. Quando começam esse processo, sinto um estanque, como se alguém tivesse jogado uma pedra, e a perna volta a ficar normal. Quando criança, isso ocorria sempre que ficava ajoelhado de mau jeito; e pareceu ter sido a mesma coisa, mas ali aconteceu em uma situação de queda. Descemos a favela patrulhando até o ponto onde o blindado nos resgataria. Enquanto caminho, a dor vai aumentando. A panturrilha parece ter ficado dura e começo a mancar com frequência. Se continuasse do jeito que estava, teria que ir para o HCPM.

Entramos no blindado rumo ao Batalhão.

Quando chegamos, o Sargento Roberto Silva, sempre preocupado com seus comandados, vem até mim e pergunta.

– Como está o joelho, Freitas?
– Não está legal, não, sargento.
– Quer ir para o HCPM?
– Negativo. Se piorar eu vou.
– Beleza! Descansa. Qualquer coisa me chama.
– Ok.

O clima na Rocinha não estava bom. Naquela noite nossa patrulha recebeu ordens para voltar e patrulhar novamente a comunidade. Eu estava deitado. Desde o momento em que cheguei, a dor na perna ficara mais intensa. Já era para ter ido ao médico, mas preferi deixar para ir quando saísse do plantão. Não sabia dessa nova ordem de serviço, mas a movimentação dos meus companheiros me despertou a atenção.

– Qual foi 22, *tá* equipando por quê? – perguntei.
– Sargento mandou estar pronto às 22 horas. Vamos voltar pra Rocinha – respondeu.
– Vou também!
– Tu não *tá* com joelho ruim, maluco?
– Porra nenhuma, dá pra bancar – respondi.
– Então equipa e vamos.

Equipei rápido. Não podia perder a "carona". Por mais que me esforçasse, com o sangue mais frio e sem a adrenalina, a dor parecia ainda maior. Naquelas condições físicas, sabia que não poderia patrulhar. Não poderia ir à frente como desejava, mas isso não era o mais importante e nunca foi. Sabia que iríamos de blindado. Sabia que se a equipe precisasse desembarcar não poderia contar com o motorista e mais um, que teria que acompanhá-lo. Perderiam dois homens e, como consequência, estariam mais descobertos. Eu poderia ser o homem que o acompanharia. Ficaria sentado, não comprometeria o desempenho no terreno e somaria forças com os demais. Ser importante para equipe, independentemente da minha posição, era e sempre seria o maior dos propósitos.

Mark Owen, um dos comandantes da equipe que matou Bin Laden, descreve em seu livro *Não há dia fácil* um sentimento que se assemelhou ao meu.

> "A disposição do alvo era pouco familiar. Na parede, vi um diagrama que mostrava a propriedade e seus muros em forma de seta. Eu sabia que a casa de hóspedes era uma missão periférica; estaria mentindo se dissesse que não queria participar da equipe encarregada de ir para o telhado do prédio principal, chamado de A1. Se tudo saísse como planejado, eles seriam os primeiros a entrar no terceiro piso, onde supunha-se que Bin Laden morava. Mas eu tinha que me concentrar na parte que me cabia. Havia muita coisa a fazer e eu simplesmente me sentia feliz por fazer parte da missão."
>
> (OWEN; MARK, 2014, p. 138)

Quando cheguei ao pátio, o sargento me olhou e disse para eu ficar no Batalhão para recuperar a perna. Ponderei, disse que era melhor eu ir junto. Argumentei que a fração já estava pequena. Se precisasse desembarcar eu poderia ficar com o motorista dentro do blindado, somaria forças com ele e não ficaria com menos um na patrulha. Ele me olhou, assimilando tudo que eu falava, e em algumas palavras resumiu sua resposta: "boa, essa porra mesmo".

Pode parecer loucura ir naquelas condições. Muitas pessoas em seu cotidiano usariam aquele motivo para faltar ao serviço ou não entregar o resultado esperado, mas para um combatente, para quem se compromete com o grupo, para quem admira seu líder acima de qualquer anseio, aquela era a única atitude cabível. Era de fato a melhor coisa a fazer. Cada homem nessas horas soma. Seria capaz de morrer por eles, não seria uma perna mancando que me privaria de batalhar lado a lado. No mais, eu ainda tinha a outra inteira.

No intuito de conhecer a fundo ações como a minha, e de não parecer um personagem heroico, criado com atitudes e emoções isoladas de camaradagem, busquei em bibliografias e dissertações que retratam ações semelhantes. Como podemos ver abaixo, em um estudo de *Stouffer*, em *American Soldier*, do livro *Guerra* (JUNGER; SEBASTIAN, 2011, p.227/228/229):

> "É necessária uma tremenda mobilização psicológica para levar um indivíduo a agir dessa maneira, não só uma vez, mas muitas. Em combate, certamente, mais do que em qualquer outro lugar, podemos observar determinantes comportamentais de grande significado [...] Alguns desses determinantes comportamentais – como a disposição de assumir riscos – parecem estar, em quantidades desproporcionais, no caráter desses homens jovens [...] A Divisão de Pesquisa do Exército cita casos de homens feridos que se apresentavam prontos para o serviço, mesmo sem autorização, depois da hospitalização a fim de voltarem para suas unidades o mais rápido do que teria sido possível segundo os trâmites normais do Exército. Um civil talvez considere isso um ato de coragem, mas os soldados sabiam que não era bem assim. Para eles, era um ato de lealdade fraterna, e provavelmente não havia muito a dizer a esse respeito além de 'Seja bem-vindo de volta.'"

Patrulhamos a Rocinha a noite toda, mas não houve confronto. Muito provavelmente não saíram do mato. O medo de bater de frente com a gente, durante a noite, deve ser ainda mais assustador. Cumprimos a ordem de patrulhamento na íntegra e voltamos para o Batalhão com a missão bem executada.

Minha entrega foi espontânea. Não fiz baseado em nenhum cálculo, mas, refletindo sobre, pergunto-me se não há, ali, reflexos daquele líder. Será que se o sargento que comandava minha fração não fosse tão comprometido com todo o grupo, eu me entregaria da mesma forma? Será que o grupo seria tão unido?

6: DUDA

ESTAVA CADA DIA MAIS ANIMADO COM O BOPE, GANHANDO MAIS EXPE-riência e confiança.

Cheguei para aquele serviço com a notícia de uma guerra entre traficantes rivais pelo controle de pontos de vendas no morro da Formiga, área da Tijuca, zona Norte do RJ. Mais uma manhã comum de operações e guerras entre facções nos morros da Capital. Fui para reserva de armamentos, como sempre fazia ao chegar. Peguei todo meu equipamento e subi para me equipar. As ordens ainda não eram diretas, sabíamos apenas que teríamos que ir para o 6º Batalhão e lá receberíamos novas instruções. Estava sentado ao lado do *29*, organizando meu equipamento no colete, colocando a farda, quando meu telefone tocou. Estranhei quando vi o nome na tela, era muito cedo para eu estar recebendo aquela ligação.

– Oi, Bia, tudo bem?
– Tudo sim, está podendo falar? – perguntou com tom de preocupação.
– Sim!

Ela nunca foi de fazer rodeios, e já foi logo soltando:
– Estou grávida!
– Como assim, grávida?

— É, está tudo muito estranho, minha menstruação nunca atrasou. Estou sentindo umas coisas muito esquisitas.

— Está atrasada há quanto tempo?

— Uns vinte dias já.

Fiquei por um breve momento em silêncio, processando a informação. Não sabia o que dizer, enquanto ela começava a chorar do outro lado. Minha fisionomia deve ter mudado. Ainda estava no telefone quando o *29* perguntou.

— O que houve, *26*? Tua cara mudou, *neguim*. Alguma coisa de grave?

Sentei-me ao lado dele sem conseguir explicar muito as emoções que tomavam conta de mim naquele momento.

Ela me contava que havia feito dois exames de farmácia, mas que estava indo com uma amiga para um laboratório confirmar com um exame de sangue. Tentei de alguma forma acalmá-la, coloquei-me a seu lado, disse que assim que saísse de serviço estaria com ela. Avisei sobre a operação que teria e que talvez ficasse incomunicável, mas que ligaria quando terminasse para saber o resultado desse novo exame.

Um dos grandes sonhos da minha vida era ser pai. Verdade que não ter me planejado me deixou sem saber como reagir. Imaginava pular e saltar de alegria, até estava com essa vontade, mas ela se contradizia com todo o universo que vinha vivendo.

Contei para o *29*, que se manteve ao meu lado, organizando-se para descer. O *29* estava comigo desde o tempo de CFAP. Sempre entusiasmado, ficou animado com a notícia e me deu os parabéns. Ele já era pai, e sabia o quanto era bom. Sua filha tinha nascido em abril daquele ano, era uma linda menina.

— Termina aí, *26*, vamos lá ver qual vai ser dessa missão.

No *briefing*, as informações que circulavam foram confirmadas. Denúncias davam conta de que a nova facção estava aterrorizando os moradores.

Eu ainda estava distante, minha cabeça não conseguia focar totalmente no que iria acontecer. Estava pensando na mudança que minha vida sofreria. Até aquele momento eu não tinha medo de me machucar ou me ferir mortalmente. Acho que o medo até existia, mas ele nunca foi algo que me fez parar para pensar. Desde a notícia, eu passei a refletir sobre a importância de permanecer vivo e o desejo de conhecer alguém que eu não sabia quem era.

– Quem vai dirigir? – perguntou o comandante da minha fração.

Levantei a mão e pedi para ser eu. Verdade que até para mim aquilo parecia estranho, mas virou um ato inconsciente. Estando distante em pensamento, não seria capaz de me entregar como deveria.

–Você está bem, Freitas? – perguntou o sargento.

– Estou sim, por quê?

– Estou te sentindo distante.

– Não, não! Estou tranquilo.

Fomos para o 6º Batalhão. Lá pegamos informações mais precisas sobre o confronto da noite anterior. Relatos colhidos indicavam que os marginais estavam escondidos na área de mata. A experiência da Rocinha iria contribuir muito nessa ação. Ficou acertado que era melhor vir de cima para baixo e evitar surpresas. Iríamos para as torres do Sumaré e desceríamos pelo mato até a favela da Formiga.

Não sabíamos ao certo o melhor ponto para começar a descida. Rodamos de um lado para outro até pararmos as viaturas perto das torres. Aquele lugar parecia promissor. Como motorista, sabia que não desceria a mata junto com a equipe. Próximo a uma torre de alvenaria, em formato cilíndrico, havia um portão. Alguns companheiros foram verificar o acesso. Fiquei ao volante, quando um cabo chegou perto de mim e perguntou se poderia assumir a viatura, pois não se sentia bem. Parei de pensar na notícia que tinha recebido, precisava me concentrar no agora e voltar a fazer bem o que tinha que ser feito naquela hora. Tudo o mais seria resolvido no momento certo. Falei para o cabo que ele poderia assumir. Passei-lhe a chave e me juntei aos demais, que conversavam sobre as melhores hipóteses.

"A vida só pode ser encontrada no momento presente. O passado já se foi, e o futuro está por vir, de modo que se não nos voltarmos para nós mesmos no momento presente nunca estaremos em contato com a vida."
– Thich Nhat Hanh

Apesar de o portão dar acesso à mata, não havia caminho livre. Decidimos abrir a mata na raça até encontrar alguma trilha que pudesse nos levar, com segurança, até a favela, e seguimos acreditando estar indo em direção a ela. A mata fechada, com muitas árvores altas, nos tirava qualquer referência de onde estávamos. Nos baseávamos do ponto de partida, calculando uma direção. Depois de algumas horas de caminhada, chegamos a uma base que formava uma espécie de vale. Bem a nossa frente, um outro morro. Paramos um pouco a caminhada para decidir se seguíamos o vale ou se subiríamos a enorme elevação. Decidimos que era melhor subir e encontrar alguma área aberta. O vale fechado continuaria nos privando de boas referências para descermos no ponto certo.

A subida era longa, desgastante, o mato atrasava nosso avanço. Levamos quatro horas desde a passagem pelo portão. Chegamos ao topo do outro morro por volta de meio-dia. Pela primeira vez, desde que empreendemos naquela jornada, conseguíamos ver o céu.

Estávamos em um lugar sem árvores, de mato alto. Decidimos descansar por vinte minutos, hidratar-nos e conferir o material. Naquele local era possível corrigir a direção. Tudo indicava que agora a descida levaria para a comunidade, e a chance de encontrá-los na mata aumentava. Sentei-me durante esse tempo, apoiando-me na mochila que carregava, estava concentrado na caminhada, imaginando como seria a descida. Suava tanto que parecia estar derretendo. Deixando meu pensamento vagar pela notícia que tinha recebido aquela manhã, meus olhos se fixaram na beleza da imagem de um ser que ainda não conhecia. Paralelo ao ponto que estávamos, conseguia ver o Cristo Redentor de costas. Uma imagem incrível! Uma sensação de paz. Apesar de não ter uma crença muito profunda, não hesitei em falar mentalmente, como se conversasse com o próprio Cristo. "Nunca cheguei tão perto do Senhor, mas se puder escutar, que o Senhor me proteja, quero muito conhecer minha filha!". Filha? Você deve estar se perguntando. Sim, na minha cabeça, caso fosse pai um dia, queria que fosse de uma linda menina; e desde aquela manhã eu torcia para que assim fosse.

O tempo de descansar tinha acabado, era hora de começar a descida. A nova caminhada estava incrivelmente mais difícil. Por diversas vezes, o caminho se estreitava em pirambeiras com quedas enormes. Tínhamos que atravessar com todo cuidado, de um em um, muitas vezes sentados, um auxiliando o outro com a ajuda de cordas. Já estávamos no meio da tarde, ainda buscando um caminho claro, quando alguém se deparou com canos de água. Quem levaria tubulação de água para aquela altura? É inacreditável, mas era a resposta que procurávamos. Estávamos próximos.

Os canos de água não eram um acaso. Estávamos há quase oito horas dentro da mata, sem comida, com pouca água, na iminência de entrar em confronto, caso eles decidissem que seria o único caminho. Começamos uma descida mais cautelosa. Agora conseguíamos achar evidências ainda maiores. Encontramos "quentinhas" espalhadas pelo mato, acampamentos que pareciam servir de esconderijo para os marginais e um monte de tralhas que confirmavam as informações que recebemos ainda no 6º Batalhão.

Éramos apenas duas frações. Estávamos todos juntos e finalmente tínhamos chegado à parte das casas. Estranhamente, a comunidade estava silenciosa, e o fim do dia se aproximava. Há uns 150 metros de distância, em linha reta da localidade conhecida como largo de Niterói, ainda que tivéssemos mantido toda perícia no patrulhamento dos becos, fomos avistados. Um grupo, todo de preto, fortemente armado, disparou contra nosso efetivo. Eles nos viram primeiro. Tinham a opção de se evadirem do local, evitar confronto, e jamais os acharíamos, mas decidiram, deliberadamente, nos atacar. Falta de opção?

Nos protegemos e, com os tiros explodindo nas paredes sobre nossas cabeças, traçamos rapidamente um plano para sair daquela situação. A fração que eu estava ficou com a responsabilidade de voltar para a mata, desbordando, para de alguma forma flanquear a posição de onde nos atacavam. A outra fração, de forma heroica, seguiria frontalmente na direção daqueles elementos. Nos arrastamos e, quando estava mais seguro, entramos novamente na mata com o objetivo de proteger a vida dos amigos, que estavam com a dura missão de seguir pelos becos. Corremos! Era nosso dever diminuir os riscos para eles.

Assumo a ponta. Começo a correr em direção ao local de onde disparam. Em minha cabeça as perguntas persistiam: *Por que não desistem? Por que não evitam o confronto?* A velocidade da corrida não era das melhores. O risco de o mato nos vencer obrigava-nos a diminuir, mas estávamos nos aproximando; e quanto mais perto chegávamos, mais intensos ficavam os barulhos dos disparos. Devia ter uma dezena de marginais atirando. Estava confiante de que iríamos flanquear sem sermos vistos, mas não percebemos que o nosso movimento bloqueava uma possível rota de fuga deles. Caso desistissem daquele combate que eles mesmos provocaram, teriam a opção de descer a escada e irem para rua, o que seria muito ruim, ou de voltarem para dentro da mata, batendo de frente com a gente. Racionalizando, era a opção que eu preferia. Não pela guerra, mas para evitar riscos para mais pessoas. Ali, na mata, seria apenas nós e eles.

Não entendo como nos descobriram, não sei se tinha alguém no mato e avisou, mas, naquele momento, parte dos tiros vinha em direção à mata. Ouvia zunindo os tiros passando perto. Já tinha vivido aquela sensação outras vezes, mas até aquele dia, em nenhuma operação, tinha sentido medo. Quando falo de medo, entro na ideia do medo que congela, que te leva para o estado de pânico, fuga e submissão. Não é comum isso ocorrer, mas entendi naquele momento que é preciso entrar em contato com o medo conscientemente, é preciso que o medo se apresente na forma de um questionamento. O motivo independe do que se está fazendo. Eu que não tinha medo de morrer em uma operação; eu, que até então achava que morrer trabalhando faria de mim um herói, em meio ao intenso combate, ouço uma voz bem clara na minha cabeça que diz: *Você ainda não viu sua filha*. Foi apenas isso que ouvi, não era medo da morte, não era medo de ser baleado, não era falta de coragem. Pensar na possibilidade de não ver minha filha foi suficiente para me fazer congelar. Por que aquele pensamento saltava na minha cabeça no momento que meus companheiros mais precisavam de mim? Eles não perceberam meu conflito interno. Ainda na ponta, busco um abrigo atrás de uma árvore, paro atrás dela por uma fração de segundo e, antes mesmo de entrar na posição *torre* (que consiste em colocar um joelho no chão para diminuir a silhueta, minimizando os riscos de ser atingido), ouço a voz do *11*, que vinha logo atrás.

– Não para, não, *26*! Não para, não!

> "Quando falo em covardia não me refiro ao medo. Covardia é um rótulo que reservamos para certas coisas que um homem faz. O que se passa em sua cabeça é assunto seu."
> – Lord Moran

Perco a ponta. Outros passam junto com ele. Alguém pode ficar descoberto por minha culpa, preciso voltar logo para a ação antes que fique ali, sozinho. Os gritos do *11* entram em minha mente de forma a me sacudir. Escolhi estar ali, preciso assumir a responsabilidade do meu autocontrole, depois penso no que tiver que pensar, mas agora não. Segundos de angústia, mas volto antes mesmo que todos passem. Assumo uma posição no meio da patrulha. Estávamos na margem entre as casas e a mata quando decidimos que era hora de entrar em um beco, buscar um pouco mais de proteção e, quem sabe, espantá-los de vez.

As vielas que escolhemos nos levavam bem próximo a um largo onde estavam campanados, a uma distância de não mais de quinze metros. O confronto com a outra patrulha é intenso. Saímos em uma posição onde corríamos risco de receber fogo amigo. A parede do beco que estávamos recebia tiros incessantemente, o que tornava impossível um fatiamento. Tento outro caminho, mas eles atiravam para todos os lados sem trégua. Estava difícil ousar dentro de um critério mais seguro, quando me dou conta que estou com minhas granadas. Observava que o Cabo Sanches sempre as carregava, e adotei esse hábito para mim. Adorava ouvi-lo contar como e quando precisou usar, e seus exemplos me inspiravam a tê-las. As granadas que usamos em operações são as chamadas não letais e têm a função de desnortear o oponente, de forma a deixá-lo em uma posição mais fácil de ser dominado. Carregava comigo uma de efeito moral cujo potencial explosivo era grande, um impacto assustador; e outra de gás de pimenta, que, ao explodir, provoca irritação nas vistas e garganta, achava essa terrível. Chamo o sargento e divido com ele a ideia de subirmos na laje para que de forma sorrateira as lancemos bem próximo a eles. De imediato, ele topa. Escolhemos uma laje que tinha um parapeito alto; na verdade, era um belo terraço com uma vista linda da cidade do Rio. Subimos com todo o cuidado para não chamarmos a atenção, nos arrastando. A distância que tínhamos da outra patrulha podia levá-la a uma confusão visual, já que os marginais estavam de preto. Chegamos ao lado da laje que dá exatamente para o Largo.

Estávamos tão perto que dava para ouvi-los. Tiramos juntos o pino das granadas e as lançamos. Decidimos lançar no "três". O sargento inicia a contagem. Não sei se ainda é assim, mas na época sempre falávamos que faríamos essa contagem. Não existia a necessidade de falarmos os dois primeiros números; falávamos direto o 3, e isso era o *start* para a execução. Lançamos as granadas, que fazem a parábola por cima do parapeito; olho as duas passando lado a lado de forma precisa e sincronizada, e somem das vistas.

Boom! Boom!

As explosões foram suficientes para acabar com o confronto. Eles dispersam. Os tiros cessam. Conseguimos, de forma segura, ganhar o ponto de onde pareciam estar dispostos a não sair. A quantidade de estojos chama atenção por estarem sempre tão bem municiados, tinha centenas de cápsulas no chão.

A outra patrulha chega e se mistura à nossa. Brifamos a necessidade de fazer um pente-fino. Recomeçamos uma busca para tentar encontrá-los, mas como as informações diziam que eram traficantes rivais, dificilmente se esconderiam dentro da comunidade. Era cada vez mais visível, devido ao rastro de estojos de munição, que desceram as escadas e correram para mata.

A noite estava começando quando disparos vindos do Borel nos fazem ter cautela. Apesar da distância, não podemos nos descuidar. Olho novamente para o relógio. Agora estava marcando vinte horas, e a escuridão já tomava conta do morro. Para evitar que novos confrontos ocorram, mantemos uma presença mais ostensiva. Por volta da meia-noite, estamos autorizados a deixar a comunidade e a regressar para o Batalhão. Afinal, um pouco de descanso era mais que merecido. Chegamos ao Bope por volta da uma hora, quase dezesseis horas desde início da operação. No alojamento, ao nos desequiparmos, muitos percebem o estrago feito pela caminhada. As barrigas estavam muito feridas. A assadura, em alguns, provocou ferimentos que chegaram a sangrar. Conversávamos uns com os outros sobre ter vencido a caminhada na mata quando um dos sargentos comandantes de fração entrou em nosso alojamento. Os alojamentos eram separados por graduações, cabos e soldados ficam em um. Sargentos e subtenentes ficam em outros, e assim por diante.

– Senhores, às quatro horas armados e equipados pra sair. Vamos para o Borel!

A ideia era evitar a guerra entre as facções rivais. Nos entreolhamos, e os pensamentos se falaram. Teríamos menos de duas horas para um rápido cochilo.

Tomei um banho gelado, o mais rápido que pude, corri para minha cama para passar pomada na cintura e esticar um pouco as pernas, colocá-las para o alto. Não imaginava que conseguiria dormir, o cansaço e a adrenalina não me deixariam. Quando me deito, lembro da promessa que fiz pela manhã. Tinha que ligar para Bia quando acabasse a operação, mas, em meio a tudo isso, não tinha tido tempo. Pergunto-me: *como será que ela está?*

Tirei o telefone da minha capa de colete, deviam ser duas horas. Ela nunca estaria acordada àquela hora; certeza que a novidade devia ter consumido sua energia. Acho seu telefone na agenda e ligo. Chama, chama até cair na caixa postal. Ainda não existia aplicativo de mensagem. Desligo, coloco o telefone sobre o peito para não perder a chance de o atender caso ela retornasse, e cochilo.

O meu despertador e o de vários outros colegas parecem berrar como a sirene do Bope. Abro os olhos, e por um segundo tento entender o que está acontecendo. "Vambora, *26*, equipa". O *11* chamava. Começo a me equipar rapidamente. Temos uma pontualidade britânica, nosso compromisso com a manutenção da nossa eficiência é algo de dar orgulho. Um jovem apaixonado por aquele universo, como eu era, não sentiria nem sono. Estamos todo no pátio às 3h30, fazemos um rápido *briefing* e seguimos para entrar no blindado. Não tinha havido confronto durante o período que ficamos no Batalhão. Isso era um bom sinal. Dentro do Caveirão me posiciono na porta direita. O silêncio se faz naquele momento. Estamos ainda dentro do Batalhão. Saco o telefone da capa do meu colete, vou tentar ligar mais uma vez. Clico na última chamada que fiz, coloco o telefone no ouvido e mais uma vez chama, chama e entra em caixa postal.

Chegamos ao Borel por volta das quatro horas. Somos recebidos com fogos e tiros que soavam bem distantes. É madrugada, não tem quase ninguém na rua. Notamos correria, mas decidimos que ainda não devíamos desembarcar. Seguimos até onde era possível ir com o blindado.

– Vamos descer – falou nosso comandante.

Desembarcamos e fizemos um 360° para nossa segurança.

Os primeiros raios de sol aparecem no horizonte. São quase vinte e quatro horas operando sem descanso. Estou conversando com o *11*, quando sinto o telefone vibrar.

– Oi, Sidney, me ligou? Eu apaguei – falou ela.

– Liguei, sim. E aí, fez o exame?

– Fiz. Fui àquela hora de manhã e o resultado só saiu no fim da tarde. Estou grávida!

Não sei o que dizer. Estou muito feliz e, ao mesmo tempo, exausto. Estou dentro da comunidade para ter qualquer reação mais eufórica.

– Vou sair de serviço e vou direto para aí. Aviso.

– Está bem!

Desligo, meus pensamentos viajam na ideia de ser pai. Estou emocionado e com um turbilhão de sentimentos. Parece que aquele dia de "ontem" não teria fim.

Nosso plantão, em tese, termina às oito horas, mas não é algo que acontece com regularidade. Normal é sair sempre depois, e nunca, nem um dia sequer, recebemos hora extra. Saímos da favela em direção ao Bope com o sol da manhã. Tiro o telefone mais uma vez da capa do colete. Ligo para casa, quero dar a notícia a minha mãe.

Ligar àquela hora podia ser assustador para quem tem uma mãe nervosa como a minha, mas não me dou conta disso.

O telefone chama muitas vezes. Ela, provavelmente, deve estar no seu último cochilo antes de ir para o seu trabalho. Minha mãe é um exemplo de vida incrível para mim. Baixinha, branca, de cabelo sempre curto, ansiosa a ponto de deixar qualquer um louco. Sofre antecipadamente por coisas que cria e não acontecem, mas tem o maior coração do mundo. Quando me pergunto de onde vem tanta determinação para correr atrás das coisas que sonho, sempre cito uma conversa que ela teve comigo após ficar desempregada. Ela dizia que poderia sempre contar com o teto e com comida, mas que a partir daquele dia, eu teria que conquistar as coisas que desejasse, pois, agora, ela não poderia me dar nada além disso. Seu olhar de pesar me passou tanta confiança que, ainda menino, trabalhei entregando panfletos de planos de saúde em sinais de trânsito, vendendo churrasquinho na esquina do condomínio e em lava-jatos.

Quando as chamadas estavam para encerrar, do outro lado, atende minha mãe.

> "Não se queixe. Não culpe nada nem ninguém... Levante a cabeça, olhe para o futuro e siga em frente!"
> – WILLIAM H. MCRAVEN

– Alô! Quem é? – perguntou, assustadíssima.
– Oi, mãe! Sou eu, Sidinho!
– Ai, que susto! Você não liga a essa hora, está tudo bem?
– Tudo ótimo! Vou ser pai!

7: HELICÓPTERO ABATIDO

NO DIA DEZESSETE DE OUTUBRO DE 2009 ESTAVA EM CASA, LENDO MEU livro, algo que gostava de fazer. Levava meus livros onde quer que eu fosse, inclusive para os serviços no Bope. Ainda hoje, onde quer que eu vá, tenho algum livro comigo. Geralmente são biografias ou sobre liderança. Leio no trânsito, em filas, em momentos que nos obrigam a esperar, ou quaisquer espaços de tempo aparentemente inúteis, preencho-os com leituras. A palestra do Bernardinho, ex-técnico da seleção de vôlei do Brasil, plantou uma semente em mim, e a cada nova leitura meu universo se expande.

O que começou como um dia tranquilo para mim ganhava contornos dramáticos para a cidade do Rio de Janeiro. A intensa guerra, que começou na madrugada, se estendia pela manhã após traficantes do Morro São João, em Vila Isabel, tentarem invadir o Morro dos Macacos, que fica no mesmo bairro, para controlar os pontos de vendas de drogas e instalar ali uma nova facção.

Estava alheio a tudo isso. Como vivia intensamente o dia a dia quando estava fardado, evitava ligar a TV para acompanhar canais que mostravam os problemas rotineiros da cidade. Oferecia à minha mente outros alimentos.

"Sua mente é como seu corpo, alimente-a de informações saudáveis e ela se manterá sã, onde quer que você esteja."
– Freitas

Só que naquela manhã aconteceu o mais inesperado. Quando policiais militares do GAM foram dar apoio aos policiais que, bravamente, tentavam trazer a ordem ao caos instalado, foram surpreendidos. A cena, chocante, foi exibida para o mundo inteiro ver. O helicóptero do Grupamento Aeromóvel, após ser atacado a tiros por marginais que estavam no alto do morro, pegou fogo em pleno ar, foi assustador. Câmeras de TV, que cobriam os fatos, flagraram policiais, em solo, dando apoio, assistindo a tudo ao vivo. Era possível perceber que estavam impressionados. A tragédia só não foi maior graças à manobra do piloto, que conseguiu aterrissar em um campo de futebol, próximo à favela São João. Ainda com o helicóptero em chamas, tentando ajudar os companheiros, as imagens mostravam que os bravos policiais continuavam sendo atacados por traficantes. Sempre me vem a velha pergunta: "Não teriam eles outra opção? Por que atacavam policiais que não os enfrentavam?"

Deito, curtindo a leitura, sem ter ligado a TV ainda naquele dia, vejo meu telefone tocar insistentemente. Era o *Frango*.

– *Koé, neguinho*! Está por onde? – perguntou.

– Estou em casa, por quê? – respondi.

– Você está em que mundo? Não está vendo o que está acontecendo lá no Macaco, não?

Enquanto ele falava, eu ia ligando a TV. Comecei a assistir às cenas horríveis que passavam repetidamente, já imaginando que teria acionamento.

Voltei a atenção para o que ele falava.

– Está de carro aí? – perguntou.

– Caralho, que pica! – exclamei. – Estou.

– Acionaram a equipe *Bravo* agora. Passa aqui na segurança para irmos juntos, pode ser?

– Beleza!

Comecei a arrumar minhas coisas o mais rápido que podia, sabia que, nesses casos, não teria hora para nada, a adrenalina já tomava conta de mim. O dever chamava, e não podia ficar de fora. Aliás, em nenhuma hipótese queria ficar de fora.

Corri para o carro, girei a chave na ignição e, quando estava saindo do condomínio, meu telefone volta a tocar.

– Fala *Frango*. Está por onde? – perguntou

– Saindo de casa – respondi.

– Segura aí, deram última forma. A ordem é ficar pronto no Batalhão às cinco horas.

– Perfeito!

Saio de casa por volta de meia-noite em direção ao Bope. Escolho ir pela zona sul da cidade, imaginando que seria o caminho menos perigoso àquela hora. Queria pegar logo meu equipamento e tentar dormir pelo menos umas três horas, até dar o horário de entrar em forma. Segundo informações, os marginais que fugiram do Morro São José foram para comunidade do Jacaré, bem próximo de onde aconteceu o ataque ao helicóptero. Uma das ações dos traficantes do Jacaré – para livrar os comparsas do cerco que a polícia fazia nos morros – era incendiar os ônibus e, assim, dividir a atenção das ações policiais. Aquela parte da cidade estava um verdadeiro caos. Cheguei e fui direto para a reserva de armamento. Peguei meu ParaFal 7.62 mm, seis carregadores com vinte munições cada, três granadas de efeito moral, colete à prova de balas e subi para o alojamento. Vesti meu uniforme parcialmente, para evitar demora ao acordar: calça, coturno e a blusa; só não coloquei a gandola. Queria aproveitar cada segundo de sono que pudesse, já que não tinha ideia de quando teria outra chance.

Às cinco horas, as duas equipes estavam prontas no pátio do Batalhão, fazendo o *briefing*. Cada patrulha sendo designada para seu objetivo. Naquele dia, não tive muita opção, era minha vez no revezamento da direção. Já sabia, então tratei de pegar a viatura e deixar em pronto emprego. Apesar de ganhar espaço, ainda era soldado, e aquela função cabia a mim também.

Saímos do Bope em direção à comunidade do Jacaré. Nossa viatura ia puxando o comboio. Do meu lado estava o nosso *01*; sentado atrás de mim, o *Orelha*; e, do lado oposto, outro sargento. Na caçamba estava o restante da nossa patrulha. Nosso ponto de entrada era o que conhecíamos como entrada da GE, antiga fábrica da General Eletric, uma parte bem complicada. Esse acesso se dá por uma rua bem larga, com poucos abrigos para nos proteger dos disparos. Os bandidos fazem todo tipo de resistência, dificultando ao máximo nossa entrada. Entrar embarcado só era possível com o blindado. Será?

Estávamos bem próximo; era bem cedo, e o trânsito fluía muito bem. As marcas dos incêndios aos ônibus estavam nas ruas.

A minha missão como motorista era levar a fração até o ponto mais seguro e próximo da entrada da comunidade. Chegando nesse ponto eu parava, a fração desembarcava e eu me juntava aos outros motoristas para ficarmos atentos a qualquer chamada das equipes. Bem próximo à entrada, onde imaginava que iria parar, surge uma conversa.

– Vamos entrar embarcados? – perguntou o *01* com a expressão de quem sabia a resposta. Enquanto olhava para trás.

– Vamos! – respondeu o sargento, que estava atrás dele.

Todos concordamos, mas ainda não tinha entendido como seria a dinâmica da ação. Atrás de mim vinha a viatura dirigida pelo Soldado Gomes e, logo atrás, fechando o comboio, o blindado.

Sempre que entrávamos embarcados, deixávamos o blindado ir à frente, pois ele abriria o caminho, minimizando os riscos para as viaturas. Foi uma reação natural minha, após ouvi-los, diminuir e abrir passagem para o blindado. Fiz esse movimento, falando:

– Vou deixar o blindado passar, então.

– Freitas, acelera essa porra! – gritou o sargento.

Enquanto gritava comigo, ia colocando meio corpo para fora da janela.

– Quando virar a rua, não diminui mais essa porra! – Foi a última coisa que escutei.

> "Se você quer mudar o mundo... você precisa ousar mais."
> – William H. McRaven

Virei a esquina e pisei fundo em direção ao interior da comunidade. Ao final daquela rua ficava o primeiro ponto de contenção usado pelos marginais. Precisávamos ganhar aquele ponto e estabelecer um perímetro de segurança. Sabia que tinha que parar antes da curva, que seguia para a esquerda, pois os marginais ficavam em outro ponto, protegidos por *bunkers*. Se entrasse na curva, ficaríamos, exatamente, entre os dois pontos que eles usavam para nos atacar. Estabeleceríamos aquele perímetro, e o blindado seguiria para estabelecer a segurança do próximo.

Enquanto acelerava, vi com clareza um homem de blusa azul se levantar de uma cadeira e correr com uma pistola, sumindo no beco a nossa direita. Era a primeira vez que eu via um traficante evitando o confronto, esse optou pela decisão certa.

Continuei acelerando, parei exatamente antes da curva. Toda fração desembarcou rapidamente. Entraram em um beco abaixo de onde eu havia visto aquele homem entrar. A equipe já tinha sumido enquanto eu puxava o freio de mão. Minha ideia era desembarcar rápido. Atravesso a rua, e junto com o Gomes, busco proteção. É difícil retratar em palavras o ocorrido. Escrevendo, parece que tudo levou tempo suficiente para dar certo, como se fosse um roteiro de filme de ação, mas enquanto ainda desembarcava da viatura, uma intensa troca de tiros começava na viela em que meus companheiros acabavam de entrar. Durante esses segundos são explosões de ações tomadas de forma inconsciente, mas efetivas.

Nossas ações se assemelham às de atletas bem preparados, que não precisam pensar conscientemente; o movimento para fazer um arremesso de basquete, por exemplo, é algo piramidal. Junto com o Gomes, chego ao outro lado da rua, e nos abrigamos de forma a protegermos um ao outro.

Quando atravessamos, fomos vistos por homens que ficavam no final da rua, à esquerda. Esse ato foi suficiente para que eles começassem a atirar. O ângulo não os favorecia. Os disparos estavam pegando no muro do outro lado da calçada e no chão. Era possível identificar porque os estilhaços de reboco voavam para todo lado.

É preciso que você realmente imagine o que estou narrando, pois ainda estou dentro de uma fração de tempo, que durou menos de cinco minutos. Estava abrigado, buscando uma boa posição para responder à injusta agressão. Quando olho para a rua por onde entramos, percebo que o blindado está parado antes da esquina. Já era para ele ter entrado e ido para o fim daquela rua. Vejo o Cabo Felizola, o motorista e mais um policial gritando lá de dentro. Não é possível ouvi-los, mas qualquer um conseguiria fazer a leitura labial, e entender os movimentos que gesticulavam. O motorista apontava para baixo, e os outros apontavam para minha viatura. A mensagem era clara: *tira a viatura, tira a viatura*! Eu havia embicado na calçada. Era uma Hilux cuja traseira obrigava o motorista do blindado a andar com a roda esquerda por cima da calçada. O movimento que ele fazia com a mão me levou a olhar para a roda. Pude perceber que ela estava parada exatamente atrás de um cano de plástico largo, de mais ou menos quarenta centímetros de altura, cheio de concreto, com um vergalhão dentro. Não é uma peculiaridade da comunidade. Vê-se muito em calçadas para evitar que carros estacionem. Mas, ali, mesmo que não tivesse a má intenção de quem o colocou, tinha a mesma função de uma barricada. Aquele obstáculo tinha o potencial de rasgar o pneu, tirando o blindado de ação. A experiência do nosso motorista foi crucial. Eu precisava tirar a viatura.

Olho para o Gomes e falo:

– Caralho! Vou ter que voltar para a viatura.

– Doido! Os tiros estão pegando na parede e no chão – ele responde.

– Não tem jeito. Me dá cobertura.

Lanço-me em uma corrida para atravessar. Poderia ser atingido? Sim, mas acho que isso nunca passa realmente por nossa cabeça. Enquanto corria, sabia que chegar ao outro lado dependeria da cobertura do Gomes, que tinha pouco ângulo, e de uma ação rápida minha. Precisávamos cessar aqueles tiros. Em alguns poucos segundos, decido fazer uma cobertura de fogo. Antes de chegar ao outro lado, dou uma rápida parada no meio da rua e abaixo na *posição torre*. O Gomes, bravamente, já estava em ação, me protegendo. Os disparos cessam, e eu chego à viatura.

Entrei abaixado, ainda estava sob o efeito da adrenalina da ação de correr pela rua. Pego a chave que está no bolso do colete, coloco na ignição, dou partida, engato a primeira e subo a calçada. O blindado avança rumo ao seu destino, e os disparos se voltam contra eles furiosamente. Agora o endereço dos tiros é um veículo, que acima de qualquer crítica, salva a vida de homens honrados. Não volto de imediato para onde estava com Gomes. Fico agachado ao lado da viatura, esperando que o blindado domine a situação, com a certeza de que o fará.

A operação durou o dia todo. Era mais uma megaoperação que usava a equipe que saía. Neste dia, operamos ao lado da *Alfa*, que foi recolhida para o Batalhão à tarde. Deixamos a comunidade ao anoitecer. Fomos ao encontro de outras frações, que estavam no São José. Tínhamos ordem de patrulhar as vias de acesso para essas comunidades, as Ruas Ana Neri, Marechal Rondon, 24 de maio e outras, para impedir que os marginais transitassem entre elas.

À noite, regressamos ao Batalhão.

Estacionei a viatura e não demorei a subir. Precisava comer e descansar um pouco. Como o curso nos ensina, tudo ali podia mudar em um segundo, indo do céu ao inferno; nesse caso, o céu era a paz de estar no alojamento; e o inferno, a intervenção em um conflito entre traficantes rivais, como o que acabáramos de passar.

Subia ao lado do Gomes e conversávamos sobre a possibilidade de pedir uma pizza. Quando entrei no alojamento, à esquerda, a patrulha que operava o blindado estava reunida, em um bate-papo descontraído. Assim que o Cabo Felizola me viu, falou rindo:

– Caraca, *neguinho*, tu é maluco!

– Eu? Por quê? – respondi, sem entender.

– Entraram embarcados, *viado*!

– Foi uma decisão de toda a equipe. Quem ousa, vence! – falei.

Eles estavam rindo da nossa ação, que a meu ver pareceu natural. Tinha apenas três anos de Bope; eles estavam ali há quase dez. Não tinha a mesma experiência, mas eles estavam felizes com a nossa manobra e comigo, por ter tirado a viatura da frente. De certa forma, a coragem que tive dava a eles um certo orgulho, e me chamar de *maluco* era como fazer um elogio para demonstrar a ousadia do meu feito.

– E o que foi aquilo de parar no meio da rua? Você é maluco!

– Ué! – respondi. – Os tiros estavam pegando na parede, precisava tirá-los de lá.

– Eu avisei a esse doido – completou o Gomes.

– Mandou bem, *lek*, mandou bem!

– Se você não tirasse a viatura, a gente não teria como passar.

Dei um sorriso, sentia-me orgulhoso! Fui desequipar e tomar um banho.

> "Não quero morrer. Nenhum de nós quer morrer. Mas essa é uma possibilidade; se você não a aceitar, ela vai ficar martelando a sua cabeça, e você não será capaz de agir."
> – Mitchell Zuckoff

Assim que terminei, deitei em minha cama, que ficava encostada na parede, junto à janela. Sentia o corpo desgastado. Tinha uma vista privilegiada: ficava exatamente de frente para a estátua do Cristo Redentor, no morro do Corcovado. Olhando aquela paisagem, minha ação de horas antes começava a se repetir em minha cabeça como um filme. Feliz de ser capaz de enfrentar a tirania, de ousar e voltar para casa junto de todos os amigos.

Em breve saberia o sexo da "filha" que estava por vir. Sentia uma paz profunda, quando Gomes cortou meu pensamento. Gomes, outro grande irmão que o Bope me deu. Recém-formado no CAT, logo nos identificamos por sermos os dois muito *mulambos*, expressão que usávamos para quem tinha pouco alinhamento com a farda, e sempre que possível deixávamos a barba fora do padrão. Tentávamos justificar que esse alinhamento não faria diferença na hora do combate, mas nada o justificava. Apesar desse desleixo, que só era percebido pelos mais próximos, honrávamos demasiadamente aquela farda preta. Ainda não tinha noção do quanto a amizade cresceria e se estenderia para além dos muros do Batalhão, mas tudo indicava que seríamos grandes amigos.

– Fala, doido! Vai pedir a pizza? – perguntou ele.

– Vamos! Estou com muita fome – respondi. – A gente é muito maluco, você não acha? – perguntei pra ele, enquanto pegava a carteira.

– Por quê?

– A gente reage por instinto.

– Como assim?

– Na Formiga, passei por uma situação parecida. Veio a minha filha na cabeça e congelei. Hoje não pensei em nada. Sabia o que tinha que fazer e fiz.

– Essa porra mesmo, doido! Se a gente não fizer, quem vai fazer? Somos a *ultima ratio**.

"Se você quer mudar o mundo, enfrente os tiranos."
– WILLIAN H. MCRAVEN

Alguém interrompe nossa conversa com um grito: "Amanhã, Alvorada cinco horas. Todo mundo pronto. Vai ter operação".

– Doido, melhor pedir a pizza logo, senão não vamos descansar – falou o Gomes.

---

* Expressão de origem latina. Significa "último recurso".

8: CAVEIRA

O QUE MAIS ME EMPOLGAVA NA VIDA DE POLICIAL MILITAR ERA O FATO DE não existir rotina. Todo dia era uma surpresa, não tínhamos como prever os acontecimentos. Para alguém que não gosta do conforto que a rotina pode trazer, aquilo soava como música para meus ouvidos.

O Bope vivia em constantes ocupações. Nossa presença, de forma fixa, se dava com mais frequência devido às instalações de UPPs. Isso reduzia nosso efetivo em algumas incursões, nada absurdo se compararmos com os GATEs e PATAMOs dos Batalhões. Quando falo de efetivo reduzido no Bope, imagina-se uns 15 homens bem armados e bem equipados. Nos Batalhões, na época, os heróis que vestiam farda azul operavam com a metade disso, com armas e equipamentos de uso coletivo; enquanto no Bope, tínhamos nosso equipamento pessoal.

A manhã começou com um *briefing* bem elaborado, em uma sala de reuniões que quando cheguei sequer existia. A unidade vivia em constante obra para melhorar suas dependências, devagar ia tomando um formato incrível.

Iríamos incursionar uma comunidade próxima, conhecida como Santo Amaro, no bairro do Catete. Quando o efetivo era reduzido, ganhava o apoio da Unidade de Intervenção Tática (UIT), grupo que atuava focado em resgate de reféns. Uma unidade que ganhou um olhar especial depois do sequestro do ônibus 174, e com a aproximação dos grandes eventos que aconteceriam no RJ, como os Jogos Pan-Americanos, a Copa do Mundo e as Olimpíadas. Nesses casos, se juntavam as equipes para dar apoio.

Não lembro exatamente o porquê, mas nossa fração esse dia contava apenas comigo e mais três policiais, Cabo Felizola, o *11* e mais um policial. Na sala de *briefing* recebemos a nossa missão. Ficamos sabendo o local por onde entraríamos e onde nos encontraríamos quando estabilizássemos o terreno. O GRR subiria pela via principal. Nós quatro acessaríamos a favela por uma escadaria pela Rua Santo Amaro.

O blindado nos levaria até o ponto de desembarque fora da favela; a partir daí, seria com a gente. Ainda dentro do blindado me viro para Felizola e informo que a escadaria não parecia ser uma boa opção. Era muito difícil o acesso por ela, teríamos que escalar casas, pular telhados, sem saber ao certo o que iríamos encontrar, algo quase impossível, já que teríamos que pedir autorização aos moradores.

– O que você sugere então? – perguntou ele.

– Não sei, vamos lá. Fazemos uma rápida avaliação. Se não for bom, a gente improvisa – respondi.

Não perdemos tempo. Assim que o blindado nos deixou, fomos direto para a escadaria, um lugar aparentemente tranquilo, que nunca teve histórico de confrontos. Descemos a rua correndo, o que chamou a atenção das pessoas. Não hesitamos, subimos os degraus a toda velocidade, ainda que estivéssemos carregando 20, 25 kg a mais. Nossa adrenalina nos impulsionava a feitos físicos extraordinários. Não demoramos a perceber que o que falei tinha sentido. As casas eram altas, e o acesso era difícil; precisávamos improvisar, isso era algo que sabíamos fazer muito bem.

"O treinamento lhe ensina a ignorar a dor e a exaustão mental.
Ensina-lhe a prestar atenção às nuances...
Ensina-lhe a pensar em usar o cérebro primeiro e as armas depois."
– Doug Stanton

Descemos a escadaria correndo. Descer de forma rápida é incrivelmente mais difícil que subir; temos que olhar para baixo, a velocidade faz algumas confusões mentais com os degraus e a qualquer vacilo podemos rolar. Precisávamos de um acesso que nos levasse para dentro da favela. Tive a ideia de olhar por cima dos portões para ver se encontrava alguma casa que tivesse saída pelos fundos, que nos desse a chance de entrar. Em uma das casas, vi um corredor longo que dava para uma mata, e de repente apareceu um senhor. Tudo indicava estar saindo para trabalhar. Aproveitando a chance, perguntei-lhe:

– Chefe, por esse corredor eu acesso a favela?

– Meu filho, acho que você consegue, sim, é bem alto, eu nunca tentei – respondeu.

– O senhor permite que a gente passe para ver se é possível?

– Vocês podem passar, fiquem à vontade.

A mata não era tão íngreme, e, para evitar sermos vistos, decidimos subir rastejando.

O blindado já tinha sido notado pelos traficantes. Conseguíamos escutar os intensos disparos, e as barricadas estavam atrasando muito seu avanço. Se ele chegasse primeiro que a gente seria mais seguro, dominaria a área e os colocaria para correr, mas enquanto isso não acontecia, precisávamos ter o máximo de cautela.

Depois de algumas dezenas de metros de rastejo, nos deparamos com uma cena um tanto comum: aquela encosta tinha, em parte, se tornado um verdadeiro lixão. Nos entreolhamos como quem diz "essa porra mesmo". Começamos a nos rastejar no meio daqueles sacos de lixo e do cheiro insuportável de chorume, uma verdadeira ação de comandos. Quem iria imaginar que alguém subiria se arrastando no lixo? Eu nunca, até começar a fazer. A ousadia de pensar fora da caixa, fazer caminhos alternativos, garante maior sucesso em qualquer profissão, e na nossa não era diferente. Foi o que nos garantiu seguir sem chamar a atenção, e a diminuir os riscos de sermos baleados. Afinal, voltar para casa vivo sempre será nosso maior objetivo. Não demorou muito, em meio ao lixo, os ratos começarem a sair. É engraçado, mas eu parecia ter mais medo deles que dos traficantes. Íamos nos arrastando em linha, com avanços curtos, quando finalmente chegamos ao topo daquele monte de lixo. Saímos no meio de barracos de usuários de crack, aquelas típicas tendas montadas com restos de tudo que se encontra na rua. Com muito cuidado, olhamos um a um, mas não tinha ninguém. Provavelmente, quando os disparos começaram, devem ter saído. Aquela *cracolândia* ficava dentro de um terreno com um muro branco cercado. Observamos um buraco, que dava acesso à rua principal dentro da comunidade, ele servia como uma espécie de porta por onde eles deviam entrar. Notamos que o blindado ainda não tinha chegado, não sabíamos exatamente onde ele estava, mas decidimos agir antes de sermos descobertos e nossa vida ficar mais difícil.

Fatiei com cuidado para o lado esquerdo, queria conseguir olhar o final da rua, um local conhecido como Caixa D'água. Eles faziam uma resistência feroz daquela posição, com uma vontade incrível de nos atingir. Saí pela abertura junto com *Frango* e fomos buscar abrigo no poste. Não deu tempo de dar voz de prisão, sequer consegui vê-los no primeiro momento. Já estávamos bem abrigados, quando uma rajada de fuzil 7.62 mm veio em nossa direção, explodindo no poste. Se não fosse esse abrigo, teríamos sido atingidos em cheio. Parte dos tiros foi para o muro do terreno, de onde o *11* e o outro policial ainda não haviam saído. Aquelas munições disparadas contra a patrulha deveriam ser *traçantes*, tipo que carrega uma carga de fósforo, na base ou na ponta, e que incendeia ao entrar em atrito com o ar, deixando um rastro luminoso, geralmente na cor vermelha. O uso dessa munição não é para atear fogo nos locais que atingem, ela tem a função de iluminar posições inimigas para que o alvo fique mais claro e assim possibilitar corrigir os disparos. Mas, quando acertam e se fixam em pontos que são de fácil combustão, geralmente incendeiam; era esse o motivo pelo qual os barracos de papelão, bem atrás da gente, pegavam fogo.

Tínhamos que partir para o enfrentamento. Era hora de repelir a injusta agressão com força proporcional. Entramos em uma intensa troca de tiros, e logo escutamos o barulho do blindado chegando pela nossa retaguarda. Como no filme dos *Vingadores*, um reforço de peso, como se saísse de um portal no momento que nós mais precisávamos. Conseguimos tirá-los de onde se abrigavam. Devagar, seguimos para a posição de onde atiravam, para enfim estabilizar no terreno.

Agora, com a parte alta tomada, era hora de ir atrás das informações que nos levariam ao paradeiro de armas e drogas. Nos dividimos. Ficamos rodando de um lado, enquanto o GRR rodava de outro. Talvez você se pergunte: e os homens que acabaram de atirar contra você, não dá para achá-los?

Até daria, mas é bem difícil. Em uma comunidade com muitas casas, eles podem se esconder em algumas delas, e não temos autorização para entrar, a não ser quando o morador permite ou se estivermos em uma perseguição. Nesse último caso, a lei nos ampara. Não praticamos os atos que a imprensa divulga, como meter o pé na porta da casa de alguém e revirar tudo. Se isso acontece, é caso isolado que acaba ganhando grande proporção; e nós, como seres humanos, adoramos potencializar os erros. Graças ao imenso profissionalismo dos homens com que trabalhei, nunca vi coisa parecida, e tenho certeza que em sua imensa maioria, seja no Bope ou fora dele, os policiais seguem de forma honrosa suas condutas.

Já era tarde da noite quando chegou a ordem para regressarmos. Estávamos do lado oposto ao que a outra equipe patrulhava, vasculhando cada beco com cuidado. A única coisa que tínhamos achado até aquele momento era um rádio transmissor. Sempre tentávamos conseguir ajuda de algum morador, e quando ajudavam, eram sempre precisos em suas informações. Como a ordem era regressar, decidimos que desceríamos por uma escadaria e encontraríamos a equipe do blindado na rua Pedro Américo. O blindado saiu e começamos a nos encaminhar para a escadaria. Uma conversa no "radinho", o rádio transmissor que os traficantes usam para controlar nossa movimentação dentro da comunidade, nos chamou a atenção. Ter achado aquele equipamento nos ajudava a ouvi-los e a evitar surpresas. Escutamos que estavam escondidos. Comunicavam-se sussurrando. Ouvimos muita coisa, e nesse dia essa escuta fez grande diferença. A conversa interceptada informava que o Caveirão tinha ido embora. E dizia:

– *Vamo colocá as armas na pista.*

– *Vamo vendê* – disse uma outra.

– Aí, tem *três verme* aqui ainda, *vamo pegá.*

– Onde *eles tá? Vamo pegá!*

Depois de ouvirmos isso, começamos a virar cada beco com mais cuidado e a monitorar cada laje sobre nossas cabeças. Geralmente quem opera esses rádios em comunidade gosta de falar como se fosse o homem mais assustador do mundo, mas não é; não são capazes de fazer um terço do que falam. Quem os emprega, geralmente é mais nocivo. Estar como *olheiro* é uma das fases iniciais do "empreendimento" do tráfico. Mas é sempre melhor acreditar e trabalhar com máxima atenção possível. De alguma forma, sabiam onde estávamos. Então, se fossem nos emboscar, ficariam esperando em um beco por onde teríamos que passar. O silêncio chamava nossa atenção, algo incomum em uma favela. Aprendemos, com experiências dolorosas, que se uma rua está deserta, se o movimento normal da favela não está acontecendo, existe a chance de ter alguma surpresa desagradável. O *11* puxava a ponta. Tinha-o como um mentor, sempre disposto a ensinar, de pouca fala e pouco riso, com um olhar de *360°* e ensinamentos profundos, de uma coragem incrível. Quando o mundo estava desabando sobre nossas cabeças, geralmente assumia a responsabilidade de forma muito contundente, tão seguro que era impossível não o seguir. O Cabo Felizola ia acompanhando, e eu cuidava da retaguarda. O *11* seguiu fatiando um dos becos, talvez por sua intuição aguçada ou por um sexto sentido apurado, aquele beco ele fez com um cuidado especial. De repente, uma sequência de tiros vem em sua direção. Não houve tempo para conversa, ele precisava responder à injusta agressão, uma rápida e intensa troca de tiros se seguiu. Enquanto eles estavam naquele embate, algo chamou a minha atenção para um dos becos que tinha a nossa retaguarda. Decidi que seria melhor ganhá-lo a correr o risco de alguém nos arremessar uma granada.

Caminhei de forma silenciosa. Quando fui chegando próximo ao beco, que virava para esquerda, escutava homens falando baixo, pareciam tramar algo, o que aumentou minha tensão. Precisava fatiar* com tamanha perfeição, como o *11* acabara de fazer.

– Vem *26*, vem *26*.

Ouço, mas não dou ouvido, isso parece irritá-lo. Havia algo naquele beco, não podia negligenciar. Começo a fatiar. Aquele é um momento único, algo que, por mais que se faça com os companheiros protegendo, precisa de concentração. Os batimentos estão explodindo. A tensão e a adrenalina estão no máximo, e ainda assim nós somos capazes de manter a calma e a precisão. Vou virando bem devagar, começo a ver uma pequena parte do corpo de um homem que parece esperar que alguém vire o beco sem cuidado. Dominado pelo medo, fez dois disparos contra mim, fazendo voar estilhaços de reboco da parede em meu rosto. Não existe no mundo um treinamento que faça você tomar um tiro a queima roupa e ficar na mesma posição, não sei como não me acertou, a distância não era superior a três metros. É instintivo se encolher, é da natureza, mais forte que a reação consciente. O treinamento faz com que reajamos mais rápido nesses casos, sem nos entregarmos ao pânico.

Termino o fatiamento. Viro o beco, disparando contra ele, mas aqueles disparos em minha direção dão a eles tempo suficiente para

---

* Examinar cuidadosamente cada beco da favela.

fugir. Estamos em apenas três. Os outros dois, ao que me parece, estão envolvidos em um combate, não posso perseguir os traficantes que acabam de me atacar e descuidar da retaguarda dos meus companheiros. Volto na direção deles e me lembro do chamado que o *11* havia feito há poucos segundos.

– Calma, *11*, calma! Sei o que estou fazendo.

– Eu sei, *26*, mas dava pra gente ir atrás. Agora já deve ter sumido.

– Se eu não *ganho* o beco, eles iriam atacar pelas costas, *11*.

– Beleza! Vamos procurar.

"O caráter é definido pela contribuição que damos, pela responsabilidade que assumimos, pela liderança que demonstramos."

– James Kerr

Toda a ação aconteceu enquanto o blindado descia. Antes mesmo de eles chegarem à rua, e ao escutarem os disparos, voltam para nos dar apoio.

Saímos de onde estávamos e voltamos a patrulhar as vielas de onde vinham os disparos, tem rastro de estojos espalhados por toda a parte. Mais uma vez se evadiram.

– Onde estão vocês? – perguntou o comandante do blindado.

Passamos a nossa localização, e, para evitar mais surpresas, embarcamos no blindado. Assim que entramos, somos avisados de uma nova operação.

De volta ao Batalhão, sem tempo de descansar, sem tempo para comer direito, recompusemos nossos materiais e partimos para Caxias, uma possível e iminente guerra entre facções. Mais um plantão daqueles intermináveis.

– Freitas, está cansado? Quer dirigir? – perguntou o sargento.

Tínhamos começado a operar pela manhã, a preocupação daquele líder era pertinente.

– Não estou, não, sargento – respondi.

– Sargento, deixa que eu levo, sei o caminho – falou um policial.

Iríamos para a Mangueirinha, comunidade localizada em Caxias, Baixada Fluminense. Entraríamos pela rua principal. A outra equipe faria o cerco por uma entrada diferente a fim de cobrir as rotas de fuga.

Chegamos aos arredores da comunidade e paramos a viatura na esquina da rua principal. Um muro alto e branco nos dava proteção. Nenhum sinal de fogos de artifício, nada indicava que tínhamos sido vistos. Estávamos há uns 150 metros da escada que levava para o interior da comunidade. O clima era aparentemente tranquilo.

– Quem vai ficar com o motorista? – perguntou o sargento.

– Eu fico, estou sentindo o tornozelo – respondeu o Cabo Felizola.

As ruas estavam vazias, mas parecia ser pelo horário, não por uma possível emboscada. O sargento, um cabo e o *22* foram para o outro lado da calçada. Dali teriam um ângulo melhor para ver o fim da rua, apesar de também expor suas posições. Fiquei na mesma calçada que desembarcamos, junto com outro policial. Assim que foram atravessar a rua, disparos de AR-15 e 7.62, passaram zunindo sobre nossas cabeças. Mais uma vez, fomos atacados, sequer os vimos ou os encurralamos em alguma posição que os obrigasse a tal ação. Por que simplesmente não correram? Por que atacar? Não tinham outra opção?

Quando o disparo passa perto, escuta-se a munição riscar o ar como um rasgo no papel. Quando passa muito perto, você escuta como se um mosquito zumbisse em seus ouvidos, e pelo barulho forte e alto que fez, sabíamos que aqueles passaram bem próximo.

Eles conseguem chegar ao outro lado e se protegem atrás dos postes. Como não atravessei, não fui notado. Começo a conversar sobre a possibilidade de agirmos.

– E aí, Freitas, vamos fazer o quê? – perguntou o cabo que estava comigo.

– Vamos por esse lado mesmo, o que acha? – respondi.

– Vamos!

– Mais à frente a gente atravessa – sugeri.

Seguimos até o Largo do Santinho. Quando conseguimos ter uma boa visão de onde vinham os disparos, repelimos aquela injusta agressão. Por alguns segundos, os tiros cessaram. Usamos esse meio-tempo para atravessar, buscando melhor proteção, pois daquele lado não tinha mais abrigo para progredir com segurança.

– Vamos atravessar!

Lanço-me para o outro lado. As rajadas voltam com toda fúria. Protejo-me e respondo. Param de novo. É o tempo para meu companheiro atravessar.

Embaixo dos postes iluminados, estávamos sendo caçados. Daquele lado somos alvos fáceis, mas também temos uma posição melhor para responder de forma mais precisa e com força proporcional. Os disparos dos marginais acertam o poste com a violência de quem quer nos matar.

– *26! 26!* Temos que sair desse lado, está muito iluminado, somos alvos fáceis! – gritou o *22*, que estava abrigado em um poste atrás da gente.

– *22*, pelo outro lado não dá pra responder com precisão, não tem abrigo, tem que ser cara a cara mesmo – falei, sem olhar para trás.

Como um golpe de sorte, aqueles tiros que não paravam se viram contra os agressores. Um dos disparos pega em cheio no transformador da rua, e todo o quarteirão fica às escuras.

A escuridão deve ser medonha para eles, já para nós é favorável. Nossa farda preta e a crença em nossos companheiros são fortes aliados. Com o breu total é possível ver o fogo dos disparos no cano dos fuzis, como se fossem estrelas brilhando, o que torna nossas ações ainda mais precisas. Vamos ganhando terreno. Disparamos contra eles, e os disparos deles cessam de vez. Adentramos a favela, conseguimos dominar o território. O clima está sombrio e incerto, mas tudo indica que desistiram.

Fazemos um *360°*. Encontramos a outra fração e, juntos, recebemos informações de que eles fugiram para a favela do Lixão.

Reagrupamos, esperando novas ordens, que logo chegaram. A ordem era seguir para lá e proteger a comunidade de ter aqueles traficantes. Chegamos bem rápido. Estava na caçamba da viatura; assim que ela parou, pulei, seguindo direto para o beco a minha frente e virando à esquerda com o *22* e o Cabo Felizola logo atrás. Saímos em uma rua cujo final era exatamente onde estávamos. Ouvia-se uma música, parecia o som de um baile. Poderiam não ter começado ainda ou a confirmação da nossa presença os fez finalizar antes do tempo. Falei ao *22* para darmos um lanço até o poste do outro lado da rua. O Cabo Felizola e o Cabo Band ficariam na proteção enquanto atravessávamos.

– *22*, vamos ganhar o poste.

– Vamos!

Lanço-me com ele. Antes mesmo de chegar ao poste, no início da rua, traficantes fortemente armados aparecem e abrem fogo contra a gente. Nossa reação foi acelerar e nos espremer atrás daquele abrigo que está colado na parede. Não era um desses postes comuns de rua, era fino, mal serviria para abrigar um de nós. Precisaríamos de um milagre para sair daquela situação ilesos. Mas o milagre, em combate, está sempre no homem que protege nossa retaguarda. Os Cabos Felizola e Band não fugiram do embate. No intuito de nos proteger e espantar aqueles agressores, abrem fogo contra eles. Era possível vê-los indo para o meio da rua e encarando a situação de peito aberto. Uma verdadeira cobertura de fogo. Estilhaços pegam na perna do Cabo Band. Mais um combate que durou alguns segundos. Graças a eles somos salvos. Verificamos se mais alguém foi atingido, enquanto Band pede para verificar sua perna, mas só houve um forte impacto. Com a tranquilidade de quem sabe que deve continuar, seguimos rua abaixo atrás dos marginais.

No final da rua à esquerda estava o baile, já vazio, como se tudo tivesse sido largado para trás. Disparos vinham do final da rua onde o baile acontecia, mas não nos preocupavam, pois não tinham como nos acertar. O *22* seguiu à minha frente e parou atrás de um poste, bem na esquina.

– Vamos ganhar o bar, *26* – falou.

– Segura, *22*, segura! – falei, tirando duas granadas de gás de pimenta.

Boom! Boom!

Joguei uma na rua e outra dentro do bar. As granadas eram minhas companheiras. Usá-las tornava minha ação menos letal, já que a intenção não era matar. Com o gás espalhado, qualquer bandido que tentasse armar algo para gente, sentiria seus efeitos, e conseguiríamos identificá-lo.

Os tiros já não eram mais ouvidos. Segui para o bar junto com o *Frango*, enquanto o *22* seguiu para o outro lado da rua com outros companheiros.

O terraço do bar era um ponto bem alto. Pensei que se subíssemos, poderíamos fazer uma ampla cobertura dos policiais que estavam com a gente, vasculhando becos, bueiros e todo canto possível onde se escondem armas e drogas.

– *Frango*, vamos ganhar o terraço e fazer a proteção da equipe? – perguntei.

– Vamos! – respondeu, prontamente.

Estávamos sob o forte efeito do gás de pimenta, ele não perdoa. Graças aos treinamentos que recebemos, conseguimos controlar o desespero, evitando o pânico. Subi uma escada caracol com todo o cuidado, ainda poderiam estar lá em cima. Ganhamos o terraço de forma *cirúrgica*. Possuía um banheiro, parapeitos, uma visão ampla de toda a comunidade, dava para observar qualquer movimentação suspeita.

Com os olhos ainda se acostumando ao escuro que se via lá de cima, avistei uma movimentação estranha em uma laje mais distante.

– *Frango* – sussurrei, chamando sua atenção.

– Fala aí, *neguinho*! – respondeu se aproximando de onde eu estava.

– Se liga na laje mais abaixo. Está estranho, tem gente andando agachada.

– Fica de olho – falou.

Coloco-me em uma posição onde posso diminuir a silhueta e fazer uma boa visada*. Vejo alguém correndo agachado. Não tenho muito o que fazer. Não é possível ver armas, mas logo descobrimos o que estavam aprontando.

Geralmente marginais fazem queima de fogos em seus bailes. Naquela noite não tiveram oportunidade, mas alguém tentando nos intimidar havia acabado de acendê-los. Em meio ao foguetório, escutamos disparos. Balas traçantes cortavam o céu, mas nossa acuidade em campo nos dava a segurança de estarem distantes, além de estarmos bem abrigados.

Estava feliz, sim, feliz, fizemos nosso trabalho com perfeição, diante de toda fúria daqueles que por vezes podiam ir embora antes mesmo que chegássemos. Conseguimos sobreviver a mais um dia de confrontos nas comunidades do Rio de Janeiro. Voltaríamos todos para nossas famílias.

> "O que me traz a maior alegria é a experiência de estar completamente mergulhado naquilo que estou fazendo."
> – Phil Jacson

Assim que os fogos cessam, grito:
– CAVEIRA!

---

* Expressão do universo militar, igual a fazer uma boa mira, olhar o alvo com clareza.

9: DIA D

BOOM!!!!!!!

Um barulho assustador, seguido de um impacto que arremessa nosso blindado alguns metros para frente, jogando-nos violentamente uns contra os outros. Não dava para imaginar o que era capaz de nos arremessar daquele jeito. Nos organizamos novamente dentro do blindado, depois da chacoalhada. Muitos de nós, sem entender, faziam a mesma pergunta, em voz alta:

– O que é isso? O que é isso? – Muitas vozes ao mesmo tempo.

– É outro blindado. Tem outro blindado aqui – respondeu *Popó*.

Aquele forte impacto, de forma inesperada, mas pensada, tira-nos de onde estávamos presos. Agora sou encoberto por uma paz. Difícil explicar esse sentimento, que é real para mim, mas sinto como se as asas de um anjo me abraçassem. Escuto em minha cabeça uma voz que diz: "ganhamos a guerra". Estávamos de volta ao combate. Aquela era nossa segunda chance ou apenas a chance de poder continuar a missão? Nunca tinha trabalhado com aquele tipo de blindado, mas depois pude conversar com um dos tripulantes, que explicou que eles nunca andam sozinhos justamente para dar esse tipo de suporte; foram segundos angustiantes. Não por estar cercado, encurralado, tomando tiro, mas por não ter como reagir.

Seguimos em direção ao nosso destino, a Vacaria, uma localidade dentro da Vila Cruzeiro. Os tiros não param, porém estamos de volta ao controle. Muitos trilhos de trem, em ruas internas, nos fizeram dar mais voltas. Aqueles blindados podiam passar por cima de carros, mas os trilhos rasgariam seu fundo e os tornariam inoperantes.

Quando entramos na rua ao lado da pedreira, exatamente onde tínhamos que descer, Soldado Bernardo, o policial que estava dando as coordenadas, se impressiona. Solta um grito, um misto de vontade e impotência, e dava para entender perfeitamente o porquê.

– Eles estão aqui! Estão atravessando, indo para o mato! Estão aqui! Estão aqui! – falava.

– Calma, caralho! Vamos desembarcar – falei pra ele.

Os tiros se intensificaram. Granadas começaram a explodir sem parar. À nossa frente outro veículo, uma Santa Fé preta, mas agora a lição já tinha sido ensinada da pior forma. Nosso motorista não podia mais vacilar. Seguiu até bem próximo e empurrou o carro devagar, tirando-o da frente enquanto disparos continuavam a nos atingir.

– Não vai dar pra desembarcar. Está *chovendo granada*! – disse *Popó*.

Estavam usando todo tipo, inclusive as granadas de bocal. Essa é usada na ponta do fuzil, não se arremessa com a mão, é lançada como um tiro. Não é fácil acertar o alvo. Quem opera tem que saber fazer uma parábola para que ela caia exatamente no local desejado. Como estávamos muito próximos, a maioria delas passou por sobre nossas cabeças.

– E aí, *Popó*, qual vai ser? – perguntei.

– Eu só quero descer. Daqui de dentro eu não consigo fazer nada – respondeu.

Enquanto eu conversava com Bernardo, aconteciam outros diálogos entre os integrantes a respeito da melhor possibilidade para desembarcar.

Nesse momento, viro-me para o motorista e falo:

– Piloto, coloca a gente de frente para algum portão ou algum beco que nos proteja de um possível ataque.

Ele, prontamente, vira o blindado, engata a marcha à ré até um portão que está aberto. Fez uma ótima avaliação nos dando tempo e segurança para começarmos a descer.

Sou um dos últimos a sair, enquanto a equipe está ganhando posições para nos estabelecermos no terreno. Assim que piso fora do blindado, o barulho dos tiros e granadas passam a ecoar mais alto. Decidimos que o melhor a fazer é *ganhar as lajes*. Algumas casas estão vazias. Não temos como solicitar a entrada, estamos embaixo de uma chuva de tiros. Demos o nosso jeito, escalando algumas. A troca de tiros se intensifica. Os marginais estão no mato, não os vemos, mas eles nos veem, e os tiros passam cada vez mais perto, destruindo os rebocos das paredes. É assustador.

Meu telefone começa a chamar. Olho no visor e identifico, é o *11*. Não atenderia se fosse alguém que não estivesse envolvido, porém ele estava em algum lugar dentro da Vila Cruzeiro.

– *26, 26*, você está onde? – pergunta.

– Estou na Vacaria.

– Eles estão aí! Estão subindo a pedreira – fala de forma apreensiva.

– Estamos cientes. Chegamos aqui e eles estavam atravessando. Agora estão no mato mandando bala na gente, não dá pra ver ninguém.

– Beleza, fica ligado!

Aquelas imagens impressionantes dos traficantes correndo, que ganharam repercussão mundial, haviam acabado de acontecer. Da posição que estávamos não tínhamos a mesma visão. Os marginais que nos atacavam cobriam os outros, dando tempo para fuga morro acima.

Estava deitado em cima de uma laje, quando escuto o barulho do blindado ligando e a esteira fazendo força no deslocamento. Rastejo-

-me até a ponta oposta e vejo o blindado indo embora. Com ar de brincadeira, falo com o *29*.

– Será que ele volta?

A ferocidade do combate já não era mais a mesma. Depois de algumas horas, os tiros vão diminuindo gradativamente. O dia que começou com um sol intenso começa a dar lugar a uma noite sombria e cheia de incertezas.

Estamos em duas patrulhas. Recebemos ordens de passar a noite ali, então nos reunimos para decidir o que faríamos. Não podíamos ficar largados na rua, e dificilmente alguém nos daria abrigo. Precisávamos encontrar algo abandonado e alto para, além de nos protegermos, reagirmos a um possível ataque. Conversávamos na rua, quando uma porta atrás da nossa patrulha se abriu. Fiquei impressionado ao ver um homem e um menino, que depois descobrimos ser seu filho. Ele não saiu de imediato. Nos vendo à porta, deu dois passos para trás, parecia estar com receio, e aí começou a falar em voz baixa.

– Tá tudo bem, dá tchau para o polícia, filho. Vamos dormir na casa de um conhecido, estamos sem luz – narrava ele.

Nos disse que deixaria todas as portas da casa trancadas, menos a da frente, que passava pela cozinha e levava ao terraço.

– Se vocês quiserem, podem usar aqui para passar a noite.

Ele provavelmente tinha escutado nossa conversa. Agora tinha entendido seu recuo e a voz baixa. Consentimos com a cabeça, mas não falamos direto com ele para não haver retaliação dos traficantes, quando fôssemos embora.

Ele saiu de mãos dadas com o filho, passando sem nos olhar, e sumiu no beco.

Naquele momento, fiquei pensando onde esse morador estava escondido. O que ele deve ter passado durante as horas que éramos severamente atacados? A imagem dele indo embora me fez lembrar o filme *A Vida é Bela*.

Ficou acertado que nossa patrulha ficaria nesta laje; e a outra, mais acima. Não subimos direto. Nos preocupamos em não expor mais aquele homem que nos acolheu em meio à guerra que enfrentávamos. Patrulhamos um pouco, e quando a noite chegou, subimos um a um de forma silenciosa.

Bem posicionada, aquela laje dava para a rua e para o vasto matagal; e o melhor: era coberta. Nuvens carregadas e relâmpagos anunciavam a possibilidade de uma chuva. Em um raro momento de descanso, deitado, pego meu telefone para dar um sinal de vida a amigos e familiares, que faziam fila na caixa de mensagem para saber meu paradeiro.

– Vem cá! Alguém já comeu? – brincou Davi.

Ele sabia que valia chamar atenção para essa necessidade.

– Verdade! Vou fazer contato – disse nosso comandante.

A escuridão e o silêncio tomam conta da comunidade. Só se ouve o rádio do *01*.

– Aqui é a *Bravo 1*, na escuta.

– Informe – respondeu a voz do outro lado do rádio.

– Como vai ficar a questão da nossa alimentação? – perguntou.

– *Bravo 1*, vocês vão ter que vir aqui buscar.

– A comunidade está sem luz. É perigoso e inviável ir buscar. Não tem como mandar o blindado trazer? – perguntou.

A preocupação do nosso comandante de patrulha fazia todo sentido. Havia muitas patrulhas espalhadas dentro da comunidade, não sabíamos a localização exata delas, não tínhamos óculos de visão noturna, e a chance de uma confusão era real, pois ainda existiam traficantes escondidos ali.

– *Bravo 1*, o blindado está parado estrategicamente – respondeu.

O *01* desligou, virou-se para trás, sem saber que o silêncio fez seu rádio ecoar em nossos ouvidos, e disse:

– É, vamos ter que nos virar.

Parece que Deus só esperou por essa decisão, pois uma chuva pesada desabou. Davi, que tinha levantado a ideia de comer, agora brincava: "Ainda bem que não saímos nessa chuva, a fome já até passou".

– Eu tenho uma ideia. Sabe que sou criado por vó, né? – falei, brincando.

– Ninguém aqui achava que a gente ia voltar pra casa hoje, nem eu – continuei.

– Fala logo, *Tropeço* – esbravejou Davi, fingindo estar sem paciência.

– Eu trouxe aqui na mochila macarrão instantâneo e latas de salsicha. Dá pra misturar tudo em uma panela e a gente garante o jantar de hoje.

– E tu vai fazer essa porra onde, *Tropeço*?

– Bem, o dono da casa disse que poderíamos ficar aqui em cima e usar o que precisássemos. Acho que ele não vai se incomodar de usarmos um pouco do gás e umas panelas.

– Essa porra mesmo, não vai. Vamos lá embaixo fazer – disse o policial.

Fizemos aquele Miojo com salsicha e dividimos entre todos os integrantes da patrulha. Estava bom, e não era só pela fome, de alguma forma tinha ficado gostoso. Terminamos e deixamos tudo exatamente como encontramos.

> "Planeje bem, e os resultados serão bons."
> – RICK ATKINSON

Depois de alimentados, precisávamos pensar no curto tempo que tínhamos para descansar; então, começamos a dividir o *quarto de hora*, período que cada um fica acordado, tomando conta dos outros que descansam.

Começava minha guerra particular. Por mais engraçada que possa parecer a situação, a chuva que caía trouxe muitos mosquitos para nossa laje. Sofro muito com as picadas. Não esqueci o repelente, mas aqueles mosquitos eram de *operações especiais*, só podia. Repelente não dava conta, era uma nuvem deles, uma barulheira no ouvido, picavam por cima da roupa. Não conseguia pegar no sono, me mexia de um lado para outro.

– *Charuto*! – Mais um de meus apelidos... – Já que você não consegue dormir e não para de se mexer, por que não fica tomando conta direto? – falou o Cabo Davi, rindo.

Tirei a parte de cima da farda e a enrolei na cabeça. Não sei se dormi ou não, mas pela manhã estava com as mãos coçando sem parar. Aquele combate eu tinha perdido.

Levantamos todos antes do sol aparecer. Eram 5h30 quando começamos a nos equipar.

Nos reunimos na rua com a outra patrulha. De repente, parecia que todos os policiais militares e civis estavam na comunidade. Recebemos muitos apoios. Fizemos o que nos cabia. Mantivemos nosso padrão de patrulhamento e fomos até onde ficava o DPO. Uma cena me chamou muito a atenção. Vi na parte alta que havia muitas caixas de isopor repletas de cervejas na calçada. Acho que os marginais tinham se preparado para guerra, acreditando que não conseguiríamos dominar o terreno. Pergunto-me se seria isso mesmo. Se fosse, quanta ousadia. Continuamos o patrulhamento, fomos para o mato, desarmamos granadas que não haviam explodido e recebemos a ordem de manter o perímetro que havíamos dominado. Todas as ocorrências seguiam para o 16º Batalhão.

O dia passava rápido, não houve mais confrontos com nossa patrulha durante toda a sexta-feira. Fizemos revezamentos para almoço e jantar no mesmo Batalhão onde as ocorrências se acumulavam. Como éramos duas patrulhas, e as vias estavam liberadas, o blindado do Bope nos levava e nos trazia de volta para os locais que continuaríamos a proteger.

A noite não demorou a chegar. Mais uma vez temos que nos espalhar sobre as lajes para manter nossa proteção contra possíveis investidas dos marginais. Esperava que aquela noite fosse mais agradável que a anterior. Não parecia que iria chover, apesar do céu ainda nublado, uma brisa suave deixava o clima mais ameno.

Aquela noite foi bem mais tranquila. Deu para descansar mais e ficar livre das nuvens de mosquitos. Sem dúvida, uma segunda noite sem maiores problemas.

Na manhã de sábado continuamos o patrulhamento, passando onde já havíamos passado, tentando olhar o que ainda não havíamos olhado. As muitas horas com aqueles equipamentos, mesmo fazendo rápidos descansos, começavam a cobrar seu preço. Estava com quase 30 quilos de equipamento. Começo a sentir uma dor nas costas que não me deixaria mais durante toda a ocupação.

No meio da tarde, após o almoço, escutei uma conversa no rádio. Não lembro como começou, mas a parte que decidia sobre nossa permanência ali, nunca esqueci.

– Vamos nos reagrupar e ir para o Batalhão – falou uma das vozes.

– Podemos ficar no Sapo? Amanhã é só atravessar – perguntou outra voz.

– Os homens estão sem descanso. Agruparemos no 16º Batalhão e seguiremos para o Bope. Voltamos pela manhã para o Alemão. Outros policiais irão assumir a posição de vocês.

– Ok, positivo!

Antes que a noite de sábado chegasse, um dos blindados veio até nossa posição, entramos e partimos, deixando a Vila Cruzeiro.

Cheguei por volta de vinte horas no Bope. Decidi que seria melhor ficar ali descansando a encarar as ruas pela madrugada. A ordem era estarmos prontos às cinco horas do domingo para entrarmos no Alemão. Juntei todo meu material em um espaço no tatame para garantir meu sono. Muitos policiais optaram pelo mesmo. O Batalhão estava lotado. Fui à rua, comi bem em um restaurante próximo e voltei para descansar o máximo que pudesse.

Consegui dormir bem, apesar de toda a agitação no Batalhão. As cinco horas estávamos todos prontos para mais um dia naquele terreno hostil. Estava feliz, vibrando! Nosso trabalho tinha sido feito com perfeição até aquele momento. Sem dúvida, desejava que o Rio de Janeiro vivesse em paz, mas não era o que estava acontecendo, e nós, homens e mulheres das forças de segurança, éramos os responsáveis por restabelecer a ordem. Como fazer um trabalho tão difícil sem estar feliz? Para completar aquele universo, como se partíssemos para a missão mais importante de nossas vidas, o *DIA D*. Surgiram bastões de camuflagens nas cores preta e cinza. Fui para o vestiário me camuflar, sentindo-me o próprio Arnold Schwarzenegger no filme *O Predador*.

Nos reunimos no pátio em uma espécie de arquibancada. Nosso comandante passaria o panorama do que vinha acontecendo e o *briefing* do que faríamos. Sua explanação foi motivadora. Lembro de sua mão no ar mostrando a escalada e nossa evolução no terreno. Começamos pelo morro do Sereno, Chatuba, Vila Cruzeiro e agora o Alemão. Assim que ele terminou, deu o *fora de forma*, e em uma só voz gritamos: CAVEIRA! Um grito seguido de um urro: Uh! Uh! Uh! (No momento em que escrevo este capítulo é possível encontrar um vídeo, no YouTube, desse momento: https://www.youtube.com/watch?v=3_8gFww4wkY).

No livro *Arrume a sua cama*, encontro uma passagem que retrata a coragem e a necessidade de existir homens e mulheres capazes de encarar aqueles que nos fazem mal. Cabia a nós enfrentar a tirania.

> "Tiranos são sempre iguais. Não importa onde estejam: no pátio da escola, no local de trabalho ou governando um país-por meio do terror. Eles prosperam onde há medo e intimidação. Extraem sua força dos tímidos e fracos. São como tubarões que sentem o medo na água. Circulam para

ver se sua presa está lutando. Investigam se sua vítima é fraca. Se você não encontra coragem para enfrentá-los, eles atacam. Na vida, para conquistar objetivos, para completar a natação noturna, teremos que ser homens e mulheres de grande coragem. Essa coragem está dentro de todos nós. Cave bem fundo, e você vai encontrá-la em abundância."

(RAVEN; MARK, 2017, p. 75)

Subi na caçamba da viatura que nos levaria até uma das entradas mais perigosas do Alemão, a tão falada *Austregésilo*. Apesar de estar há alguns anos no Bope, ainda não havia entrado por ela. Seguimos em comboio até o Complexo, em uma manhã silenciosa de domingo.

Quando chegamos bem próximo, fui tomado por uma incerteza. No sábado, os tiros vindos da Joaquim de Queiroz em direção a Itararé não paravam, o complexo de favelas do Alemão fica do lado oposto ao complexo de favelas da Penha, onde se localiza a Vila Cruzeiro. Estávamos nos aproximando dessa rua. Nossa viatura era uma das primeiras. Sempre preferia estar desembarcado, sentia-me mais confortável e seguro patrulhando a pé. Assim que entramos na Itararé, preparei-me para o início do confronto. Poderiam atacar de dentro para fora. Sabia o ponto exato onde isso poderia acontecer. Enrolo a bandoleira na mão, posiciono meu fuzil na direção de onde poderiam atacar, encolho o corpo diminuindo a silhueta e, então, nada acontece, nenhum disparo em nossa direção. Isso me chama muito a atenção. Um dos lugares mais hostis da região parece estar bem tranquilo. A viatura segue em direção ao ponto onde desembarcaremos, quando tenho uma visão incrível. Um helicóptero blindado modelo Huey Two, o *caveira do céu*, passa em um voo rasante sobre nossas cabeças. A visão remete aos filmes de guerra do Vietnã. Que sensação heroica!

Desembarcamos na esquina da rua. Fazemos um rápido *briefing* junto a um muro branco. Nossa equipe estava completa. O Cabo Felizola cancelou suas férias para somar forças naquela empreitada.

Comecei puxando a ponta, junto com meu canga, o *Popó*. Sempre audacioso e muito inteligente, fomos revezando de poste em poste, até a esquina de um bar que dava para uma pequena rua que, por sua vez, levava para dentro dos becos. Dobramos exatamente nele. Começamos uma subida, e a surpresa foi a total ausência de confronto. A lenda da rua *Austregésilo* era ser o vale da sombra e da morte para nós, mas naquela manhã era um dos lugares mais seguros do Brasil. Ainda no início da subida, observamos um beco e uma casa ao fundo com a porta aberta. Decidimos fazer um 360° e alguns integrantes da patrulha foram até a casa. Fiquei exatamente na esquina dos becos, olhando para parte de baixo, quando vi alguns policiais de outras unidades subindo a rua por onde viemos. Estavam, aparentemente, tranquilos.

Não encontramos nada. Continuávamos seguindo nosso padrão de patrulhamento. Todas as ocorrências continuariam seguindo para o 16º Batalhão. Era uma ótima ideia. Imagina cada apreensão ser apresentada pelo policial que a achou, não ficaria ninguém na comunidade. Quase no fim da tarde, as frações da equipe *Bravo* começaram a se encontrar para decidir em qual ponto do terreno cada uma passaria a noite.

Saímos em busca de algum lugar até chegar ao ponto mais alto da Fazendinha. Ali, ainda sem ser inaugurado, estava uma das estações do teleférico. Verificamos os portões, estavam abertos, parecia ser um local seguro. Entramos para ver se havia a possibilidade de passarmos a noite lá. No último andar, nos deparamos com uma vista incrível. A brisa dava gosto de sentir. Dividimos nosso *quarto de hora* para o descanso merecido. Estou acordado, tomando conta do sono dos meus amigos e, ao longe, vejo as luzes verdes do metrô passando de um lado para outro. Fico pensando naqueles dias que vivi e sobrevivi ali dentro até aquele momento, sem ver nenhum familiar. Imagino que cada noite para minha mãe, irmã, avós e tias deva ter sido de angústia e aflição. Sei que dava pouca notícia, mas achava melhor me manter focado, esquecer um pouco emoções que poderiam me atrapalhar. Aquele era meu jeito de encarar as coisas. Quando meu tempo de ficar de guarda acabou, dormi.

Levantamos antes do amanhecer, voltamos à rotina de patrulhamento. Um sobe e desce morro sem parar. Muitos traficantes se entregaram nos dias anteriores, evitando o conflito. A segunda-feira avançava com lentidão, segundo a segundo, não havia mais confrontos. Após o almoço, recebemos a notícia de que a equipe *Bravo* finalmente iria para casa. Passaríamos o resto da segunda e da terça-feira com nossas famílias, retornando na quarta-feira. Era hora de rever a todos e tranquilizá-los um pouco com nossa presença.

Chego ao Batalhão, troco de roupa o mais rápido que posso, e rumo direto para casa sem pensar em mais nada, com a sensação do dever cumprido. Foram cinco dias de um trabalho que amava, sem ninguém ferido. Sim, eu estava realizado por estarmos todos bem, acima de tudo.

"Dormimos tão bem em nossas camas porque homens rudes passam a noite de vigília para castigar com violência aqueles que nos fariam mal."
– Winston Curchill

Estaciono o carro, vou em direção ao meu prédio e percebo que não sei onde está a chave, então grito:
– MÃE!
Ela odiava quando eu gritava. Dizia que incomodava os vizinhos, que eles reclamavam, mas será que dessa vez ela reclamaria? Afinal, estava voltando para casa depois de dias de guerra. Escuto alguém descendo as escadas, e de repente a portaria se abre. Minha mãe abre os braços e vem em minha direção. Começa a chorar, dando-me um abraço forte.

– Não volta mais, por favor, não volta – fala, abraçada a mim.

Minha prima, que estava atrás, começa a chorar também.

Não entendia aquela reação. Abraço-a. De dentro da operação, não tinha noção do que as pessoas tinham visto ou ficado sabendo. Vizinhos de anos vieram me visitar, abismados. Parecia que tinha retornado após anos, como nos filmes da Segunda Guerra Mundial. Amigos chegavam em minha casa contando que o Rio de Janeiro parou. Alguns relatavam ter ficado em frente à TV, em bares, como se fosse final de Copa do Mundo. Shoppings fecharam. Tudo havia parado. Achava incrível o olhar de orgulho das pessoas sobre nossas ações, algo que tinha que ser visto todos os dias, não só naquele caso específico. O olhar do civil comum foi uma percepção que não tive, mas podia imaginar.

Depois de realizar a maior façanha da minha carreira no Bope, atender ao pedido da minha mãe de não voltar era algo possível, para o futuro, mas não naquele momento.

PARTE 2
TEMPOS DE GUERRA

"Ninguém teria medo de passar por experiências difíceis se observasse, pela leitura de biografias, que todos os homens célebres tiveram de sofrer antes de 'vencer' terríveis reveses e provações. Isso me leva a pensar no que seria do mundo se a mão do Destino não experimentasse várias vezes o metal de que somos feitos, antes de colocar sobre os nossos ombros grandes responsabilidades."

– Napoleon Hill

10: MISSÕES DA MODA

MEU AMOR PELA POLÍCIA SERÁ ETERNO.

Não havia muito tempo que o ex-técnico da seleção de vôlei do Brasil, Bernardinho, havia dado uma palestra no Bope. Ela me marcou muito, potencializou em mim o gosto pela leitura de biografias. Foi transformador descobrir que a vida de grandes personalidades era tão comum quanto a minha. Após a palestra, copiando seu exemplo, me tornei um leitor voraz, e uma chama reacendeu em meu espírito. Agora eu tinha uma *pequena*, queria parar de pensar só em mim e construir algo do qual ela pudesse compartilhar. Estava determinado a transformar minha vida e não viver reclamando das novas circunstâncias.

Apesar de meu coração pulsar a cada nova operação, novos desejos começavam a tomar conta de mim. Nunca fui movido pelo dinheiro como fim, sempre foi consequência, mas o pouco salário e o desejo de mais, começaram a ter um peso cada vez maior. Há algum tempo, para compensar, estava fazendo uma jornada dupla e exaustiva de segurança com objetivo de melhorar minha renda. Ir para o Bope era um imenso prazer, mas como atrelava minha vida financeira aos "bicos", ir para a segurança começou a me consumir. Estava me desgastando. O desejo de mais mexeu com a minha zona de "conforto", levando-me para o que chamo de zona de "incômodo". Estava determinado a achar um novo desafio que me fizesse sentir aquela vibração novamente e completasse meus anseios.

> "Quando você acredita que pode encontrar e apreciar um novo queijo, muda de direção."
> – Spencer Johnson, M. D.

Fomos para a maternidade para o nascimento da minha filha. Era um dia muito feliz. Fiz todas as seguranças possíveis até aquele dia para tentar folgar a semana a que tinha direito. Estávamos todos muito animados e ansiosos com a chegada da Eduarda. Ando pela maternidade à procura da minha mãe e a encontro em uma das salas de espera, sozinha, quieta com o pensamento distante.

– Por que a senhora está aqui sozinha? – pergunto.

– E agora, Sidinho? – responde, chorando.

– E agora o que, mãe?

– Você com uma filha. Como vai ser com essa polícia, esse monte de segurança?

Eu me sentei ao lado dela, tentei acalmá-la com um abraço, mas seu olhar de preocupação comigo e com o futuro foi inesquecível.

– Vai ser como sempre foi, mãe. Agora só terei que trabalhar ainda mais para dar todo conforto e educação que eu puder à minha filha.

– E a sua faculdade?

– Está indo.

Às quinze horas do dia 12 de abril de 2010 minha filha nasceu. Não entrei na sala de parto. Por incrível que pareça, não curto ver aquele corte e sangue, então preferi esperar do lado de fora. Até que ela saiu, no colo de sua madrinha, e veio direto para as minhas mãos. Bem pequena, a segurei firme. Uma mistura de sentimentos quase impossível de descrever, mas senti que agora vivia por alguém. Queria ser um exemplo, como meus pais sempre foram para mim.

Passei os dois dias com elas no quarto da maternidade, tomando conta das duas e recebendo visitas. À noite, ela não parava de chorar. Algumas vezes as enfermeiras pediam para levá-la para o berçário, e eu brincava dizendo: "pode deixá-la aqui, é bom para irmos aprendendo". Outras vezes as enfermeiras a retiravam sem que percebêssemos. Na última noite, após fazê-la dormir, coloquei-a no berço, deitei-me no sofá olhando para o teto e comecei a refletir sobre uma nova possibilidade. Como seria ter meu próprio negócio? Como seria conquistar novos objetivos? Em termos práticos, o Bope tinha que ser o fim da linha profissional para mim?

A possibilidade de montar uma marca de roupa foi trazida por um grande amigo. Não era algo que tivesse a ver comigo. Trabalhar com roupa era até então irreal, nem me fardar bem eu conseguia. Acho que nunca tinha comprado roupas para mim. Se não fosse os presentes que ganhava, muito provavelmente não teria o que vestir. Sair da zona de "incômodo", como passei a definir o desejo de mudança, encontrar algo que me fizesse vibrar como a conquista da minha entrada na polícia, seria perfeito para essa nova fase. Enquanto alguns buscam segurança financeira para criar seus filhos, eu me inquietava pensando em dar início em uma nova jornada.

Pensar em empreender era algo improvável até o ano de 2010. Sim, foi esse o ano das grandes mudanças e desafios em minha vida. Minha filha, a retomada do complexo de favelas do Alemão e a decisão de me lançar em um mundo novo. Se decidisse entrar, seria de cabeça.

"É muito melhor arriscar coisas grandiosas, alcançar triunfos e glórias, mesmo expondo-se à derrota, do que formar fila com os pobres de espírito que nem gozam muito nem sofrem muito, porque vivem nessa penumbra cinzenta que não conhece vitória nem derrota."
– Theodore Roosevelt

Não comecei todo aquele movimento de imediato, passei alguns meses analisando as diversas possibilidades. Os bicos como segurança, a Faculdade de Direito que fazia naquela época e o Bope tiravam todo meu tempo.

Inicialmente, sem deixar nada de lado, decidi tirar aquele projeto do papel. Começo aquele novo empreendimento com um amigo, e passo a conhecer ali as crenças limitantes das pessoas. Todos com quem conversava sobre o início da jornada me alertavam sobre a dificuldade de se ter um sócio, de que amizades e famílias são destruídas por desentendimentos nos negócios. Uma mera opinião, generalizada, que se levarmos como verdade, de fato se tornará uma tragédia. Descobri as nuances de se ter um, ou vários sócios, e mesmo sem dar certo com eles, não compartilho dessa crença.

Iria aprender o novo ofício por completo, toda linha de montagem de uma peça. Tinha a confiança de que tudo era possível. Colocava em minha cabeça que se fui capaz de entrar para o Bope poderia realizar qualquer outra coisa no mundo a qual me propusesse. Mesmo sem jamais ter conhecimento da diferença desses mundos, estava confiante.

Começaríamos vendendo apenas camisetas. Listamos uma série de necessidades para o pontapé inicial. Encontrar uma malharia que vendesse um tecido de qualidade e profissionais autônomos, como um cortador que tirasse o melhor aproveitamento do tecido, uma costureira que colocasse o *ombro a ombro*, que é um acabamento que dá mais qualidade ao produto e por fim, um estampador que pudesse nos atender com as variáveis que precisávamos.

Compramos rolos de tecidos, em vez de pedaços, para ter melhores preços e uma variedade de cor bem grande. Descobri bem rápido que aquelas cartelas enormes de cores deixavam as costureiras malucas, já que a cada troca de cor tem que parar tudo para trocar as linhas das máquinas. Hoje sei disso, mas na época me parecia o jeito mais bonito de começar.

Começamos fazendo tudo com muita iniciativa, muita coragem, mas com pouco planejamento. Esse monte de tecido foi comprado antes mesmo que tivéssemos os profissionais. Por outro lado, comprá--los aumentou a responsabilidade e nos encorajou a seguir em frente, ou ficaríamos com os rolos parados em casa. Foi um erro? Sim, mas foi a forma que encontramos para começar.

– E aí, tem ideia de onde vamos arrumar um cortador? – perguntei ao sócio/amigo.

– Eu tenho um amigo que já fabricou as próprias peças, vamos dar um pulo lá.

Assim achamos o nosso primeiro profissional da linha de montagem, Sr. Delso. Um senhor com seus 65 anos, trabalhador incansável, apaixonado pelo corte e um amante da polícia militar, o que ajudava muito a entrar na fila, já que ele tinha uma demanda muito grande. Sempre arrumava um jeito de nos encaixar e entregar o mais rápido possível. Nos deu uma aula sobre como funcionava o processo, nos falou a quantidade que conseguia tirar por quilo de tecido comprado. Isso mesmo, quilo, compramos os tecidos de algodão, para camisetas, por quilo, e cada quilo renderia mais ou menos cinco camisetas. Tudo dependeria da quantidade de modelos – no nosso caso, camisetas e regatas –, e da quantidade de tamanhos, que inicialmente seriam quatro: P, M, G e GG. Deixamos os 70 kg que compramos em seu terraço, e após longas conversa, que incluíram histórias do Bope, senti que ganhei um amigo.

– Pode deixar o molde em cima dos tecidos e corto tudo pra vocês – falou Sr. Delso.

– Molde? Não temos – falei, surpreso.

– Tenho o meu aqui, se quiserem posso usar, já que estão perdidos.

– Então pode ser os do senhor mesmo.

– Vou colocar o tecido para descansar, pode vir pegar em quatro dias.

– Descansar?

– Sim, preciso desenrolar o tecido e deixá-lo voltar para o lugar, senão a camiseta encolhe.

Os detalhes pareciam intermináveis. A forma como escolhi encarar todo aquele processo parecia uma verdadeira loucura, mas a animação de começar algo novo cegava qualquer alerta quanto à forma como conduzia o negócio.

Fizemos como ele havia pedido, voltamos quatro dias depois, e lá estavam as camisetas e regatas. Todas cortadas, prontas para serem estampadas e costuradas. Sem saber qual seria o próximo passo a ser dado, partimos para casa com 350 camisetas embaixo do braço.

Em casa, olhando para aquela pilha de tecido, com a missão de costurar ou estampar, decidimos começar estampando. Precisávamos buscar empresas que nos atendessem. Esbarramos em uma série de exigências que sequer passavam pela minha cabeça. Quem trabalha com estamparia lida com uma série de variáveis, que para empreendedores em início de jornada torna tudo muito caro ou mais difícil de enxergar. É exigido o mínimo de estampas por peça. Cores e estampas diferentes resultam no aumento do preço final. Diante de tantas informações, decidimos criar a nossa própria estamparia e nos virar com todas as variáveis. Essa decisão, claro, tinha tudo para dar errado. Meu sócio já havia tido uma rápida experiência nesse universo. Eu cresci com meu pai se aventurando nessa área, como *hobby*. Somando as duas "vastas" experiências, começamos.

> "Não é o que você faz que é difícil. Como você escolhe fazer que tornam as coisas difíceis."
> – Freitas

Tudo que começávamos de forma corajosa era colocado em uma balança, comparando com o fato de ter sido do Bope. Dizia a mim mesmo, "isso não é mais difícil que encarar tudo que já encarei". Do alto da minha ignorância, não percebia que a dificuldade não estava naquilo que escolhemos fazer, mas, sim, como fazemos. O serviço do Bope não era difícil, não comparado a estampar. Não me entenda mal, não falo de perigo, falo de processo de execução. No Bope não descuidava de todo o processo, não descuidava da preparação, não descuidava do material, do planejamento, nem mesmo da escolha dos próprios integrantes de uma patrulha, que funciona como um time, como pessoas que possuem *sócios* com o mesmo propósito, tornando o objetivo possível de ser alcançado.

Precisávamos de uma caixa reveladora, telas, tecidos, rodo para puxar a tinta, berço para forrar as camisas, um universo de coisas que não tínhamos. Além disso, precisávamos de um espaço para fazer toda essa sujeira. Tudo foi na base do improviso, tornando a coisa desgastante e ao mesmo tempo emocionante. Estávamos confiantes, investindo e acreditando que o caminho para poupar alguns reais era exatamente esse. Estávamos pensando somente na liberdade para criar.

Com tudo comprado e boa parte das coisas feitas de forma artesanal, sem o mínimo de experiência, era hora de revelarmos a nossa primeira tela. Animados, como quem vence a primeira fase de um jogo longo, nos sentimos orgulhosos.

– Como a gente passa emulsão nessa escuridão? – pergunto.

– Porra! Faltou comprar a lâmpada vermelha para poder enxergar – respondeu meu sócio.

Cada passo era uma surpresa. Compramos a tal lâmpada e começamos a passar a emulsão na tela, o que parecia simples. Todo o processo começou a virar uma saga. A falta de prática começou a minar nossa resistência. Era difícil deixar o produto uniforme. A emulsão escorria e criava bolhas, pingando e sujando tudo. Depois de algumas horas e muitas tentativas, conseguimos acertar algumas telas. Agora era esperar secar e partir para a revelação. Estava morto, mas louco para ver o resultado.

Para revelar é preciso que a tela esteja emulsionada, o desenho revelado deve estar em papel vegetal. No processo, coloca-se o papel vegetal na tampa de vidro da caixa reveladora, a tela por cima, e se isola com fundo preto. Com a lâmpada e o tempo certo para revelar, são segundos até você ter sua arte impressa na tela. A nossa tentativa durou minutos. Toda vez que tentávamos, a tela rasgava. A frustração já me dominava, tínhamos mais de trezentas camisetas a serem estampadas. Buscando entender o porquê de aquilo acontecer, escutei algo que parecia bem simples:

– Por que vocês não compram essas telas prontas? – perguntou a pessoa que assistia àquela luta.

– Será que dá?! – exclamei.

Era óbvio que sim, mas não pensei em nada disso. Condicionei-me a executar, coisa que fugia ao meu padrão de questionador. Empreender, na minha cabeça, se comparava ao processo do curso. Preparo, mais preparo, e então, a conquista. Mas, estava realmente me preparando até aquele momento ou executando?

Se tivesse planejado, calculado, ou perguntado, como costumava fazer para tudo no Bope, teria poupado muito dinheiro e energia.

Com as telas compradas, bastava forrar a camiseta no berço, uma espécie de prateleiras em forma retangular, presas a uma base, onde se coloca a face da camiseta para pintá-la. Tínhamos feito seis desses berços. Forramos, colocamos a tela em cima, um pouco de tinta na tela e puxamos com o rodo. Foi começar para ver o quanto aquela era uma atividade complicada. Mais uma vez fracassamos. O calor do ambiente, inadequado para estampar as camisetas, fazia a tela entupir, e começava a criar falhas no desenho. Estava decidido a não me entregar. Perdemos algumas camisetas com os erros. Passamos um dia inteiro pintando, mas o sabor de ter feito, mesmo com todos os contratempos criados por nossas escolhas, era algo que no empreendedorismo parecia dar ânimo. Estampamos as mais de trezentas peças.

– Cara, agora é achar uma costureira – falei

"Estudar, ler, observar, questionar constitui o processo de preparação. O planejamento deve visar a metas factíveis. Ambiciosas, mas realizáveis. Se não for assim, as frustrações virão inevitavelmente. Falhe ao planejar e estará planejando falhar."
– Bernardinho

Achamos uma costureira que atendia as nossas exigências, mas era muito longe. Pensando hoje, ela não era única. Não criei outra opção, então me limitava a mais uma execução.

Fui ao seu encontro com um largo sorriso no rosto, animado para ver as camisetas ganhando forma. Mesmo com todo ânimo, algo me dizia que ela não havia curtido muito. Costureiras autônomas, ganham pelo que conseguem fabricar, e foi ali que descobri que o excesso de cores pode atrapalhar toda uma produção. Se o processo for lento, atrapalha a entrega dos serviços. Deixamos aquela pilha de camisetas cortadas e estampadas e fomos para casa, sem um prazo definido para pegar. Aguardaríamos a sua ligação quando ficassem prontas.

Quase uma semana depois, recebi uma ligação inusitada.

– Alô, Freitas!

– É, tudo bem, Conceição? – respondi ao ver o nome no visor do telefone.

– Freitas, não está muito bem, não – respondeu ela.

– Por quê?

– Você vai ter que vir aqui e ir ao seu estampador. Grande parte das peças foram estampadas do lado avesso.

– Sério?

Enquanto ela falava o que estava acontecendo, pensei: *Entreguei a camiseta aberta, ela que fecharia. Como estava do lado do avesso?*

– Dona Conceição, faz o seguinte. Vou falar com o estampador, mas pode costurar assim mesmo para não perder essas que estão aí.

– Sério, Freitas?

– Sim, pode ficar tranquila que me resolvo com o estampador.

Descobri, depois daquela ligação, que o tecido de meia malha de algodão possuía sim dois lados, o avesso e o direito. Observando, o lado de dentro de uma camiseta, a trama do lado avesso é disforme, não possui um sentido, uma organização. Até então, aprender daquele jeito era algo inerente a minha forma de conduzir o negócio. O erro era todo meu, não do estampador.

Agora era esperar. Tudo parecia mais difícil do que poderia imaginar, mas essa dificuldade me trazia um grande aprendizado, que eu teimava em não ver.

Depois de mais alguns dias, decido ligar para saber como andava a produção.

– Dona Conceição, tudo bem? Como estão ficando as nossas camisetas?

– Freitas, não pude começar. Recebi um pedido grande de um cliente antigo, e como as suas são muito coloridas vai atrasar muito minha produção.

Aquilo me estressou, mas não pude fazer nada. Só poderia culpá--la e esperar, mas será que ela tinha culpa? Não deveria ter feito um planejamento antes?

Semanas depois, as camisetas ficaram prontas. Era hora de vender. Outro ponto que também não pensamos como seria. Sabia apenas que poderíamos expor em feiras de roupas.

Vinha conversando sobre meu novo projeto com um grande irmão que fiz no Bope, o Gomes. Criamos afinidade rápido devido à paixão pela polícia, e a amizade foi além dos muros do Batalhão. Gomes era um cara de bem com a vida, bem casado, com um filho lindo. De estatura mediana, calmo, divertido, de muitos amigos, e uma legião de fãs. Dizia ter vontade de abrir uma loja em Campo Grande, zona oeste do Rio de Janeiro, bairro onde morava. Era um grande incentivador do meu novo negócio, e via possibilidades de comprar comigo para revender. Sabendo disso, assim que as camisetas ficaram prontas, liguei para ele e fui ao seu encontro.

Já em sua casa, não deixei de explicar a gafe que nosso estampador tinha cometido, ele olhou e disse:

– Porra, mas quem vai saber, *bebê*? Se você não me falasse, eu não perceberia.

Surpreendentemente, ele comprou a metade daquela primeira produção. Vender pareceu ser o processo mais fácil de todos. Fechando aquela primeira venda, pensei: *Tá aí, se eu ajustar o processo de produção, não preciso mais fazer segurança.*

Apesar do início confuso, de todas as falhas, fui contagiado por um desejo de ser um empresário de sucesso. Aquele seria meu novo queijo. Sentia o coração vibrar como na época em que me preparava para o Bope. Saí dali feliz, e com o dinheiro daquela venda poderíamos iniciar uma segunda produção, mirando nas vendas do fim de ano.

"Aprendi que a melhor parte da vida de uma pessoa
está em suas amizades..."
– Abraham Lincoln

No dia 12 de janeiro de 2018, recebo uma mensagem do Gomes.

– Fala, *bebê*! Separa três camisetas e duas bermudas pra mim. Vou pra Angra dos Reis, vou te mandar umas fotos maneiras para colocar no Instagram da marca.

Durante um período no Bope, um policial tinha o costume de chamar todo mundo de bebê. Após seu falecimento, virou uma brincadeira entre alguns integrantes chamarmos uns aos outros assim.

– Já está separado, quer pra quando?

–Leva lá no Batalhão amanhã, vou estar de serviço.

– Beleza.

Deixei tudo preparado para levar na hora do almoço, caso não fosse para nenhuma operação. Às nove horas do dia treze de janeiro de 2018, enviei uma mensagem.

– Fala, *bebê*.

O aplicativo mostrava que minha mensagem havia chegado, mas que não foi visualizada. Esperava a resposta para saber o melhor horário para encontrá-lo, mas infelizmente não pude fazer aquela entrega. No grupo de mensagem dos amigos que temos no Bope, o *29* do meu turno anunciava seu falecimento. Aquela notícia caiu em mim como uma bomba. Ele estava indo para o seu serviço de moto, quando um carro o fechou, jogando-o para baixo de um caminhão, na Avenida Brasil, uma das principais vias expressas do Rio de Janeiro. Perdia um grande amigo, perdia o primeiro cliente que tive, perdia um pedaço da minha história. Queria que aquela notícia fosse de fato um engano. Sem conseguir me controlar, chorei.

11: CORRUPÇÃO ATIVA

AS SEGURANÇAS ESTAVAM MINANDO MEU PRAZER DE TRABALHAR NA POlícia. Os serviços estavam se tornando cada vez mais cansativos. Trabalhava mais nos "bicos" e recebia proporcionalmente menos. Toda vez que falamos qualquer coisa sobre os salários, escutamos uma frase do tipo: "mas quando entrou você já sabia". Sim, sabia. Também entrei imaginando ter uma qualidade de vida bacana e prestar um bom serviço à sociedade. Estar virado, entregue às noites sem dormir, poderia comprometer minha eficiência.

Você pode se perguntar por que não administrava melhor meu salário para continuar vivendo a relação perfeita com aquele sonho. Seria uma saída possível, mas começava a desejar mais. Agora tinha uma filha e queria melhorar minha qualidade de vida, amadurecia e deixava de viver como se não existisse o amanhã; então, trabalhar nas horas vagas tornara-se uma opção diante dos salários baixíssimos da época. Começava um problema sistêmico, com soluções paliativas, fazendo a vida se arrastar. Precisava criar novos caminhos, alçar novos voos.

Apesar de ter iniciado um novo negócio, não dava lucro; pelo contrário. Estava levando boa parte de tudo que conseguia com os extras.

> "O questionamento é uma grande fonte de crescimento, e o crescimento permanente, uma grande fonte de satisfação."
> – BERNARDINHO

Estava no meu primeiro plantão do dia, faria dois plantões direto no Clube. Entrei às sete horas da manhã para uma jornada de vinte e quatro horas na segurança. Isso mesmo, dobrava e ia direto para o Bope. Além de ter que proteger o Clube contra possíveis assaltos, fazia o papel de porteiro. Às vezes, levantava a cancela para um carro passar e a esquecia naquela posição. Quando outro carro chegava, entrava com tudo. Sem perceber que a cancela estava *em pé*, baixávamos em cima deles. Quebramos algumas, além de termos arranhado alguns carros, até o dia que decidiram instalar um sensor. O Clube já havia sido assaltado antes, e um amigo nos convidou para fazer a segurança do local. Durante o tempo que fiquei lá até os dias de hoje não houve mais ocorrências. O ócio só não era maior porque passava boa parte do tempo lendo, e ali aquelas leituras ganhavam mais força.

Meu cansaço chegou ao limite quando decidi fazer parte de outra segurança, dessa vez de um VIP. Um jovem de 19 anos, com toda a disposição da idade para passar as noites nas boates da Barra da Tijuca, Rio de Janeiro. Sair dessa situação em que eu me coloquei passou a ser prioridade em minha vida.

Ainda pela manhã, havia recebido o chamado para estar pronto às cinco horas no Bope. Teríamos operação já nas primeiras horas. Só uma coisa passava em minha cabeça: que essa não fosse daquelas operações com ocupação, pois no outro dia teria que estar de volta neste mesmo local, finalizando sessenta horas da minha jornada.

Meu desânimo era visível, mas nunca, nem por um segundo, deixava o profissionalismo de lado. Não fazia corpo mole e sempre entregava o melhor de mim, isso era algo que carregava comigo. Meus amigos mereciam isso; e se fizesse menos, os resultados poderiam ser desastrosos. Escutei de um palestrante uma vez: "se você está trabalhando em um lugar onde não quer, dê o seu melhor". Ele citava exemplos de jogadores de futebol, que mesmo jogando em times pequenos, recebendo baixos salários, davam seu máximo. Não vivia no mundo corporativo, a ponto de ser contratado por outra empresa, mas manter a honra e prestígio que meus amigos me concediam era algo tão valioso para mim que jamais desejaria ver isso se apagar. Eu era importante para o grupo, e o grupo era fundamental para mim.

No livro *11 Anéis*, Phil Jackson, o lendário treinador do famoso time de basquete *Chicago Bulls*, de Michael Jordan, fala dessa relação que desenvolvia com seu time. E de certa maneira, aplicávamos no dia a dia das nossas missões "O mais importante era [...] desenvolver uma sólida inteligência de grupo para trabalhar de maneira mais harmoniosa". E cita uma passagem do *The Second Jungle Book*, de Rudyard Kipling, que resume essa essência.

> Essa é a Lei da Floresta – tão antiga e verdadeira como o céu;
> E o Lobo que guardar prosperará, mas o Lobo que a quebrar morrerá.
> Assim como a trepadeira que reveste o tronco da árvore, a Lei corre para a frente e para trás...
> Porque a força da Matilha está no Lobo, e a força do Lobo é a Matilha.
> (JACKSON; PHIL,2013, p. 93)

Naquela manhã tínhamos informações sobre o paradeiro de um marginal conhecido como Menor P, era o traficante que comandava as vendas de drogas da Vila Pinheiro, que faz parte do conjunto de favelas do Complexo da Maré.

Seguimos com duas patrulhas dentro do blindado. No *briefing* ficou decidido que a nossa desembarcaria em um ponto específico, e faria parte do patrulhamento a pé. Entramos pelo acesso da Avenida Brasil, notamos uma intensa correria.

Minha patrulha desembarcou, fazendo um patrulhamento padrão, sem perder a cautela. O passado nos ensinou que ali era um lugar traiçoeiro, eles faziam emboscadas. Chamavam a nossa atenção para algum lugar e nos atacavam.

As ruas estavam aparentemente tranquilas. Verifico as placas dos carros e não acho nenhum roubado.

Muitas motos circulando. Verifico a procedência de algumas e não encontro nada de errado. Estou atento a toda movimentação, quando noto a presença de um carro preto vindo em nossa direção. Aviso os demais companheiros e protejo-me atrás do poste. Ele passa, os vidros estavam abaixados. Dava para ver uma pessoa bem arrumada, de terno e gravata, incomum em nossa rotina.

Continuamos patrulhando, buscando sempre bons abrigos, e de novo percebo o tal carro preto chegando por uma rua transversal.

– O carro preto de novo, *Popó*.

Ele estaciona na calçada e o motorista desce. É um homem entre 35 e 45 anos, de terno e gravata. Não parece preocupado com o que pode acontecer. Está no meio da rua. Ele faz sinal com as mãos, entendo que está querendo falar comigo. Viro-me para o *Popó* e digo:

– *Popó*, acho que ele *tá* querendo papo.

– Manda ele vir aqui – responde.

Estávamos bem abrigados. Sem perder a atenção, respondo àqueles sinais.

– Quer falar comigo?

Ele acena com a cabeça.

– Posso?

Quando chega a uma distância que quebra o perímetro da minha segurança, peço que pare.

– Pode falar daí. O que você quer? – pergunto.

– Tudo bem? Sou advogado *do homem*.

Faço uma cara de não estar acreditando.

– Nada demais! Só quero passar o que ele me pediu. Falou que vocês podem ficar tranquilos na comunidade, que ele não quer problema.

Arregalo os olhos, espantado, e ele continua.

– Ele proíbe roubo de carros e motos. A dele é só venda de drogas mesmo.

– Ah! Então ele é um santo! – respondo.

Esse mesmo bandido, anos depois, saiu em uma reportagem sendo acusado de ter espancado um atleta dentro da comunidade e de ter dado cinco tiros na perna da mulher que estava com ele. O motivo da agressão teria sido o envolvimento desse atleta com uma possível namorada do traficante.

– Avisa pra ele que a gente vai ficar tranquilo, de poste em poste, atrás dele até pegá-lo – falei ainda incrédulo.

Ele me olha sem ter muito que dizer, entra no carro e sai tranquilamente.

Durante todo o patrulhamento não achamos nenhum veículo roubado, e não se ouviu um único disparo.

Depois de algumas horas, nosso blindado, que havia levado a outra fração para outro ponto, apareceu. Decidimos embarcar e fazer parte do patrulhamento nele. Horas caminhando cobravam um preço e causavam certo desgaste. E esse papo de "pode ficar tranquilo" não colaria nunca. Seguimos atentos a qualquer movimentação suspeita.

Quando estávamos passando pela área do conjunto Esperança, notei uma atitude suspeita. Um homem que, ao nos avistar, ameaça correr, mas para. Entende que chamaria a atenção, então caminha rápido, atravessando a rua sem olhar em nossa direção. Aparentemente só eu percebo. Deixo o blindado sair do campo de visão dele e falo:

– Para o blindado, motorista!

– Qual foi, Freitas? – pergunta o nosso comandante.

– Vamos descer, tem parada errada na outra rua.

– O que você viu?

– Vem comigo.

Estou sentado à porta, do lado direito. O blindado para. Abro a porta com cuidado, e junto comigo vem o *Popó*.

Soldado Bernardo, apelidado por ele mesmo de *Popó*. Moreno, alto, de fala confusa, audacioso e destemido. Por diversas vezes, disputamos a ponta. Formado no Coesp, dono de um carinho incrível por mim. Costumávamos conversar sobre o universo policial militar, e todas as nuances da profissão. Como eu sempre me colocava de forma contundente, ele finalizava a conversa com uma frase que eu adorava: "gosto de tu, porque tu é arrogante".

A fração toda desembarca. Viro a esquina fatiando com cuidado e logo avisto um homem encostado na parede. Ele está de cabeça baixa, mexendo nos botões do rádio comunicador. É um olheiro do tráfico, provavelmente ia informar que acabou de nos ver passando. Devia acreditar que não o vimos. Não esperava que voltássemos andando.

– *Popó*, vou *pegar*.

Vou em sua direção e quando ele levanta a cabeça já estou bem próximo. Ele está na minha alça de mira. Com a distância que estou dele, qualquer tentativa de reação seria fatal. Olhando em seus olhos, falo com energia: "Não corre, não! Levanta as mãos! Vira pra parede".

Ele obedece de imediato e levanta as mãos ainda segurando o rádio. Abaixo meu fuzil, colocando-o na lateral do meu corpo, enquanto a patrulha faz minha segurança. Começo a revistá-lo e logo encontro uma pistola na sua cintura. Informo que achei a arma e continuo a revista minuciosa, enquanto o blindado faz a volta e vem em nossa direção.

Olho para o *Popó* e brinco:

– Tá aí, é só procurar que a gente acha. E então comandante? – pergunto.

– Vamos logo para a DP, apresentar – ele diz.

– Beleza!

Entramos no blindado e seguimos para sair da comunidade. O rádio começa a chamar sem parar. Inicialmente, não percebo que querem falar com a gente, até entender que estão tentando contato.

– Fala aí, *meu chefe*! Será que a gente pode conversar antes de vocês saírem? – pergunta a voz que vem pelo rádio.

– Quer conversar com quem? – pergunto.

– Queria ver com o senhor a possibilidade de deixar o amigo na comunidade.

– Não tem possibilidade, não, tá preso! – respondi.

– Nem se rolar um café!

– Café? Que café?

– Tenho R$ 4,8 mil na mão pra deixar o amigo aqui com a gente. Pode ser? – pergunta o sujeito do outro lado.

> Art. 333 – Oferecer ou prometer vantagem indevida a funcionário público, para determiná-lo a praticar, omitir ou retardar ato de ofício: Pena – reclusão de 2 (dois) a 12 (doze) anos e multa.

Para o crime de corrupção ativa, o mero oferecimento já constitui crime. Não preciso do dinheiro para materializar, porém não tinha como prendê-lo, já que era uma voz pelo rádio. Então, respondo.

– Dá pra tomar muito café com R$ 4,8 mil! Vai ter coragem de trazer aqui?

Ele diz que sim, mas não acredito, seria muita ousadia tentar. Então, quando já estamos bem próximos à saída da comunidade, uma moto encosta na traseira do blindado e começa a piscar.

– Aí, acho que é o tal café – falo, olhando pela torre do blindado.

Abro a porta junto com o *Popó*. O homem desce da moto e vem em nossa direção. Estamos prontos para reagir a qualquer má intenção. Se for o tal subornador, preciso que ele chegue perto para prendê-lo.

– Fala aí!

– Vim trazer a parada pra soltar o amigo – disse o homem que tentava me subornar.

– Entra aí – falo olhando pra ele. – Não quero ninguém observando a gente.

Ele não demonstra receio de ser preso e entra no blindado. Imediatamente dou voz de prisão pelo crime de corrupção ativa, aquela tentativa de suborno era uma afronta. Ele pensa em falar algo, me olha e, engolindo qualquer frase que vinha a sua mente, abaixa a cabeça.

Fico no caminho até a delegacia, pensando na audácia. Será mesmo que ele achou que o libertaríamos? Será que ele achou que minha honra tinha preço? Quantas famílias aquela pistola, em mãos criminosas, poderia dilacerar?

> "Aprendi que os princípios mais importantes podem e devem ser inflexíveis."
> – Abraham Lincoln

– Chegamos! – fala o motorista.

Desembarcamos e apresentamos a ocorrência, não achamos o tal chefe, mas logramos êxito em prender outros de sua quadrilha. Voltaríamos todos para nossas famílias. Missão cumprida!

Quando estou saindo da DP, estaciona o mesmo carro que vi mais cedo na comunidade. De dentro, sai o mesmo homem de terno e gravata, que mais cedo havia falado comigo, dizendo-se advogado do tal homem.

Passo por ele surpreso, e digo:

– Agora vai ter trabalho, hein!

Sabia que logo estariam de volta às ruas; e eu, de volta à segurança, fechando as sessenta horas de trabalho.

Enxugar esse gelo fez lembrar dos ensinamentos de desamores que escutei ainda no CFAP.

Estava no meu limite, precisava de um novo propósito para minha vida.

12: SEGURANÇA NUNCA MAIS

MINHA PRIMEIRA SOCIEDADE TINHA FRACASSADO. NÃO HOUVE BRIGA, MAS os propósitos e caminhos escolhidos eram opostos. Não há erro, só escolhas e resultados. Decidimos dividir parte do que construímos até ali, e cada um seguiria como desejasse seu empreendimento.

Aquele início, cheio de desventuras, trouxe experiência. Aprendi caminhos mais seguros para a produção. Poderia ter sido mais simples se houvesse planejamento, mas o lado bom dos erros é que eles nos trazem ensinamentos que talvez não conseguíssemos trilhando de outra forma.

Fiz boas amizades, conheci novos fornecedores, sentia-me repleto da mesma energia que me levou a entrar na Polícia e, logo em seguida, no Bope. Ainda que não conseguisse controlar nada, tudo parecia dar certo, tudo dava sinais que o caminho era continuar tentando. Minha cabeça, focada na ideia de conseguir vencer na nova jornada, não me deixou ver as necessidades reais do negócio. Seguia forçando a barra, vencendo na força, só não sabia quanta força ainda teria. Negligenciava a necessidade de um planejamento adequado para construir algo com solidez, evitando desgastes, desperdícios e energia.

Segundo o Sebrae, 7% das empresas fecham por falta de lucro, 20% encerram o negócio por falta de capital, e quase 50% dos pequenos empresários do Brasil não sabem precisar se têm lucro ou prejuízo. Esses dados nos fazem constatar que as empresas fecham por falta de uma gestão adequada.

Com a falta de capital, abraçar o máximo de funções que se pode suportar, às vezes parece ser a única forma de tirar um projeto do papel. O ideal é encontrar o bom senso que permita equilibrar coragem e direção, ou as consequências fugirão do controle.

Sentei com outros três possíveis sócios. De certa forma, a necessidade de ter uma pessoa para dividir toda a demanda existia, pois meu tempo ainda era muito fracionado. Precisava de alguém fazendo a produção e vendendo nos momentos em que eu não podia. Recorrer a amigos e pessoas mais próximas, acreditando que se envolverão e dedicarão seu tempo, é algo comum no início. Hoje tenho certeza que sempre temos mais opções do que imaginamos. Encontrei um texto que reflete essa relação, que apesar de qualquer resultado, traz grandes ensinamentos.

O livro *As 48 leis do poder* descreve esse tipo de relação da seguinte forma:

> É natural querer empregar os amigos quando você está em dificuldades. O mundo é árido, e os amigos o suavizam. Além do mais, você os conhece. Por que depender de um estranho quando se tem um amigo à mão?
>
> O problema é que nem sempre se conhece os amigos tão bem quanto se imagina. Eles costumam concordar para evitar discussões. Disfarçam suas qualidades desagradáveis para não se ofenderem mutuamente. Acham graça demais nas piadas uns dos outros. Visto que honestidade raramente reforça amizade, você talvez jamais saiba o que seu amigo realmente sente. Eles dirão que gostam da sua poesia, adoram a sua música, invejam seu bom gosto para se vestir – talvez estejam sendo sinceros, com frequência não estão.

Quando você decide contratar um amigo, aos poucos vai descobrindo as qualidades que ele, ou ela, estava escondendo. Curiosamente, é o seu ato de bondade que desequilibra tudo. As pessoas querem sentir que merecem a sorte que estão tendo. O recibo por um favor pode ser opressivo: significa que você foi escolhido porque é um amigo, não necessariamente porque merece. Existe quase que um toque de condescendência no ato de contratar os amigos que no íntimo os aflige. O dano vai surgindo lentamente: um pouco mais de honestidade, lampejos de inveja e ressentimento aqui e ali, e antes que você perceba, a amizade se foi. Quanto mais favores e presentes você distribuir para reavivar a amizade, menos gratidão receberá em trôco.

A ingratidão tem uma longa e profunda história. Ela tem demonstrado seus poderes há tantos séculos que é realmente interessante que as pessoas continuem subestimando-os. Melhor prestar atenção. Se você nunca espera gratidão de um amigo, vai ter uma agradável surpresa quando eles se mostrarem agradecidos.

O problema de usar ou contratar amigos é que isso inevitavelmente limitará seu poder. É raro o amigo ser a pessoa capaz de ajudar você; e, afinal, capacidade e competência são muito mais importantes do que sentimento de amizade. (Miguel III tinha um homem capaz de orientá-lo e mantê-lo vivo bem diante do seu nariz: esse homem era Bardas.)

Todas as situações de trabalho exigem uma certa distância entre as pessoas. Você está tentando trabalhar, não fazer amigos; a amizade (real ou falsa) só obscurece esse fato. A chave do poder, portanto, é a capacidade de julgar quem é o mais capaz de favorecer seus interesses em todas as situações. Guarde o amigo para amizades, mas para o trabalho prefira os capazes e competentes.

(GREENE ROBERT; ELFFERS JOOST, 2000, págs. 38 e 39)

Na peneira dos sócios, dois ficaram para trás tão rápido quanto chegaram, mas acabei encontrando um que parecia ideal. Tinha tempo, estava disposto a tentar, desejava ser dono do próprio negócio, queria fazer acontecer. Estava tão animado quanto eu, e além de trazer experiência como vendedor de roupas, chegava com um capital para investir em uma loja.

A nova parceria começava de forma promissora. Fizemos uma reunião com pautas. Até aquele dia só conhecia os *briefings*. Estava sendo muito bom viver uma nova realidade. O capital que meu novo sócio trazia vinha de um parente seu, que entraria como sócio-investidor, nos dando o suporte financeiro que precisávamos.

Na reunião também ficou acordado que iríamos inaugurar antes do Dia dos Pais. Dividimos nossas funções. Ele ficaria focado na obra, na montagem da nova loja e, posteriormente, nas vendas. Eu iria focar na produção de uma nova coleção para dar o pontapé inicial.

Uma decisão tomada naquele dia colocava toda minha experiência anterior à prova. Enquanto imaginávamos um nome para a loja, que daria também nome à marca de roupa com nossa produção, decidimos incluir novos produtos em nossa linha, algo completamente fora da minha realidade, como bermudas no estilo *surfwear* e moda feminina.

As variações de uma roupa feminina são de enlouquecer. Um vestido, por exemplo, pode ter uma variedade de mangas impressionante, manga princesa, japonesa, meia manga... Uma árvore inteira dessa fruta, enquanto camiseta de homem muda apenas cores e estampas. Minha vida de estilista tinha virado uma loucura. Sempre com uma intenção positiva, de poupar despesas e aproveitando minha habilidade com artes, desenhava as peças e escolhia a cartela de cores. Em meio a tantas tarefas, aprendi a modelar minhas próprias peças. Precisava de tempo para essa nova fase, era hora de tirar alguma atividade da minha vida. Cursando o sexto período, decido largar a Faculdade de Direito.

Tinha conhecido as etapas da produção de camisetas. Calculava que as bermudas seguiriam o mesmo processo, mas, não, era tudo diferente. Achei que uma costureira seria capaz de fazer tudo, mas para cada tipo de produto era necessário uma profissional diferente e máquinas diferentes. Como nas camisetas, assim que me lancei a produzir bermudas fiz outra série de *lambanças*.

No Rio de Janeiro faz sol e calor boa parte do ano. Bermudas *surfwear* são itens bem comuns no vestuário masculino. Pesquisei uma malharia e escolhi o que me parecia o melhor tecido. Bem fino, leve, imaginava um conforto de primeira qualidade, além de uma secagem rápida, já que a ideia dessas bermudas nasceu para praticantes de *surf*. Tinha a certeza de estar fazendo um bom negócio.

Meu cortador cortava qualquer coisa. Sempre que perguntava se ele era capaz de cortar uma modelagem específica, ele respondia: "só não corto dedo". Levei o tecido para ele, e como nossos laços vinham se estreitando, devolvia-me com bastante rapidez, dando toda fluidez à produção. Diferentemente das camisetas que eu produzia, o tecido das bermudas era branco, e para possuir cores e estampas precisava passar por um processo chamado de *sublimação*. O tecido entra em uma chapa com temperatura aproximada de 200° C, com uma folha colorida por cima. O calor transfere para o tecido a imagem que contém no papel.

Nessa linha de montagem, conheci o Seu Adilson, que possuía a máquina. Um fabricante de bermudas que se tornou um grande amigo, outro que admirava o Bope e adorava ouvir as histórias, ainda que eu as repetisse. Ele gostou tanto de mim que não quis me cobrar para fazer o processo, achei ótimo. Deixei tudo com ele, que me prometeu a entrega para o dia seguinte.

Estava de serviço no Bope quando meu telefone tocou. A história parece até repetida, mas o problema agora era outro.

– Alô, Freitas?

– Fala Seu Adilson, já estão prontas? – perguntei.

– Freitas, preciso que você dê um pulo aqui. Suas bermudas deformaram quando entraram na chapa. As pernas estão diferentes.

— Sério, Seu Adilson? Como resolvo isso?

— Vai ter que acertar na mão, uma a uma.

Eu sairia do Bope direto para segurança. Quando conseguiria consertar? Pouca pesquisa, pouco planejamento, produto e "problema novo". Parei para pensar por alguns minutos e lembrei da minha avó. Com seus 86 anos, muito ativa, sabia tudo de costura, vivia me pedindo algo para fazer. *Tá* aí! Ela iria gostar da função.

Na manhã do dia seguinte, deixei tudo com ela e expliquei como teria que fazer. Eram 120 bermudas, um total de 240 pedaços para ajustar.

À noite, quando cheguei em sua casa, acreditando que teria muito trabalho ainda a ser feito, fiquei surpreso. Já estava tudo pronto. Ela tinha recrutado meu pai, minha madrinha e uma prima para ajudar naquela missão. Ela era *operações especiais*. Assim que entrei, estavam todos na sala em uma conversa descontraída. Quando ela me viu, falou: "chegou o patrão". Ela é demais!

Para o feminino, estava decidido a não me aventurar tanto. Pesquisei diversas costureiras e encontrei uma. Bastava escolher cores e modelos, e tudo mais era de responsabilidade dela. Pareceu-me extremamente caro, mas rendeu tempo, e as dores de cabeça não existiram. Certas economias na linha de produção não se justificavam.

"Às vezes você tem que celebrar o próprio fracasso."
— Howard Schultz

A loja foi inaugurada na data prevista. O nome da loja, que também era o nome da marca, era bem ruim, mas foi o que encolhemos. Isso na época parecia sem importância, o que nos deixava animados eram as vendas. Pegamos o vácuo do Dia dos Pais e estávamos seguindo para o Natal. Meses que costumam ser aquecidos para o comércio, e descobri que independentemente de data, do mês do ano, o feminino vendia sem parar.

A produção teve que aumentar, e com o sucesso das vendas decidi dar mais um passo importante para o meu futuro. Tinha que me livrar de todas aquelas seguranças que minavam minha saúde mental, e sem calcular nada, apenas me desliguei.

Chegamos ao Natal com toda força possível. Com mais tempo livre, além da loja, nos organizamos para fazer feiras de roupas. Colocávamos para venda em pontas de estoque. Era uma ótima ideia para queimar o que encalhava e fazer escoar o restante da produção. As vendas nos surpreenderam, e iniciamos o ano novo com o pé direito. Nunca tinha vendido tanto desde que começara. Contamos uma soma significativa para dois jovens empreendedores sem experiência. Em nossas cabeças, tínhamos nos tornado empresários de sucesso.

Aquela soma deveria ser o capital de giro, mas estávamos tão empolgados e confiantes, que se tornou o capital inicial.

As vendas de roupa diminuíram no período pós-Carnaval. Não sei se era só com nosso formato de comércio ou se a crise que se anunciava já mostrava seus efeitos. Diante do baixo volume, decidimos pegar o dinheiro que estava parado e investir em algo que nos desse mais retorno. O primeiro passo foi iniciar no atacado. Queríamos colocar a marca em outros pontos de vendas, e meu sócio tinha habilidade para isso.

Em suas primeiras tentativas no atacado, o resultado foi ótimo. Surgiram pedidos, e não pensamos duas vezes. Pegamos o dinheiro das vendas do Natal e investimos em uma produção para os lojistas. Compramos à vista e vendemos a prazo. Só não nos atentamos que aquele dinheiro que tínhamos gasto para iniciar o negócio de atacado era também da produção do varejo da nossa loja. Quando precisamos fazer uma nova coleção, já estávamos sem dinheiro.

Tínhamos que esperar e ter paciência. Havíamos cometido um erro. Agora precisávamos vender o que ainda tinha no estoque. Como nossa loja era de bairro, o fluxo de clientes novos não era contínuo. Nossos clientes vinham em busca de novidade e não encontravam. Isso teve um efeito cascata, puxando nossas vendas para baixo.

Foram três os clientes que compraram no atacado. Dois deles tinham fechado um valor pequeno e dividido em 2 parcelas. Porém, nosso maior comprador, aquele que mais nos animou a entrar no negócio, fez uma compra de R$ 60 mil, passados em seis cheques. Nem de longe passou por nossa cabeça não receber. Era um senhor, com uma loja de anos em um ponto incrível. Recebemos o primeiro cheque na data certa. Guardamos esperando o momento certo de usar. No segundo cheque, precisamos redefinir uma data para recebê-lo, e com a crise no Brasil *dando as caras*, não o vimos mais. Ele quebrou, fechou a loja e sumiu. Tentamos de tudo para receber, mas se tornou impossível conseguirmos encontrá-lo.

Meu sócio decidiu que era hora de sair, de seguir outros caminhos. A coisa vinha desmoronando, e ele precisava de uma renda. Fiquei sozinho.

Esse calote caiu como uma bomba. O empreendimento, que parecia promissor, começava a se arrastar. Não queria desistir, não ia, pensava na dificuldade que enfrentei no curso e tentava manter o ânimo, pensando em uma vitória futura, mas não percebia que aquilo não era um curso com data para terminar. Tinha disposição, e parecia ainda ter dinheiro, para dar a volta por cima. O prejuízo fez identificar a falta de giro de cliente. Precisava vender para clientes novos.

> "Quem faz pode cometer falhas,
> mas a maior falha de todas é não fazer nada."
> – Benjamin Franklin

O mundo há muito tempo já se encaminhava para um novo formato de venda, o *e-commerce*. O custo, inicialmente, era baixo, existia a possibilidade de fazer lojas *on-line* de graça. Tomei a decisão, e eu mesmo construí uma.

A loja *on-line* não decolou, sequer fez venda. Tudo parecia extremamente difícil, desde o domínio até o processo de compra. Não tinha paciência para mexer em nada. Disposto a não desistir dessa frente, cheguei à conclusão que deveria procurar alguém que fizesse algo atrativo, e que, de alguma forma, fizesse nossa loja *on-line* andar.

Fiz uma rápida pesquisa e encontrei uma empresa que parecia promissora. Um rapaz, de nome Alfredo, bem apaixonado pelo universo *on-line*, tinha muita empolgação em seu trabalho, vibrava com os possíveis resultados que mensurava. Trabalhava naquela empresa há algum tempo. Mostrou-me alguns de seus casos de sucesso e pontuou possíveis caminhos para seguirmos, por meio de uma belíssima apresentação. Conversamos muito sobre meus desejos de empreender. Mais um dos que curtia escutar as histórias do Bope. Naquela mesma reunião, fechamos o contrato para a construção da minha loja *on-line*. Não era pouca *grana*, na verdade era quase toda grana que eu tinha, já que pouco ou muito é relativo ao que se tem e ao que se quer. Saí da reunião com um prazo de entrega definido.

Estava nos melhores meses do ano, meses que julgava serem promissores, porém as vendas não aconteciam. Sem vendas nas lojas, vinha cobrindo algumas despesas com o meu próprio salário. Não percebia que as contas se misturavam e que a bola de neve só crescia. Alfredo, que sem saber suas razões, não me abandonava, insistia para que eu investisse um valor, ainda que pequeno, em marketing digital. Naquele momento, aquilo me soava como uma vontade sua de ganhar dinheiro e ficava cada vez mais reativo as suas investidas. Ele tinha me vendido um site por um preço alto e eu não tinha gostado do resultado final. Nossas conversas ficavam cada vez mais ásperas, e eu menos paciente toda vez que falava com ele. Nossa relação piorou muito quando ele resolveu sair da empresa que trabalhava para seguir o sonho de ter sua própria agência de mídia *on-line*. Sabendo da minha insatisfação, tentava me mostrar novas plataformas e soluções que melhorariam o visual da loja. Tudo que ele falava para o meu bem, eu escutava como alguém que queria me enrolar novamente, mas será que ele tinha feito isso alguma vez? Apesar da minha animosidade com seu cuidado comigo, sempre ia ao seu encontro, pois ele, mesmo sem receber nada, me orientava, ligava para saber como as coisas iam, tentava fazer o máximo que podia, mas eu não via a hora de me livrar dele.

Mesmo com meu mundo desabando, sem encontrar soluções para o que estava passando, o desejo de ser empresário tinha me contagiado. A vida de empreendedor me obrigava a trabalhar como nunca trabalhei antes, mesmo somando as horas de Bope e segurança. Se fizer algo que gosto, não importa, não gosto de ficar à toa, amo ser produtivo. A necessidade de ter que estar sempre aprendendo e a liberdade de poder inventar mexia com a minha mente criativa. Aprendi, com aquele pouco tempo que estava vivendo na nova função, que meu futuro seria do tamanho que eu fosse capaz de imaginar e lutar para conquistar. Na polícia, meu universo era limitado ao salário que ela me pagava, precisava adaptar meu sonho a essa realidade. Como empresário era exatamente o oposto, podia transformar a realidade, deixando-a do tamanho do meu sonho.

Diante de tudo que passava, escutei do meu grande amigo *29* uma passagem bíblica, e ela passou a fazer parte dos meus pensamentos. A passagem dizia: "Nenhum servo pode devotar-se a dois senhores, pois odiará um e amará outro, ou dedicar-se-á a um e desprezará ao outro". (Lucas 16:13).

Eu já havia escolhido a quem servir.

13: GRATIDÃO, MAS ADEUS ARMAS

ESTAVA NA LOJA, QUASE NA HORA DE FECHAR, QUANDO RECEBO UMA ligação do *Frango*. Naquele momento estava pensando no meu destino, pensando que havia chegado a hora de encarar minha decisão. Adiar já não cabia mais em meu coração. Tinha saído da faculdade, da segurança, e meu coração queria deixar o Bope também. Não vibrava mais com o serviço, e aquele sonho não fazia mais sentido.

– Fala, *Frango*! – falei ao atender.
– *Bicha*, cinco horas pronto amanhã.
– Beleza! – falei, sem o velho entusiasmo.
– Qual foi, tá bolado, *leke*? – perguntou.
– Não, relaxa.

João Ricardo Felizola, o *Frango*, ou Cabo Felizola. O Raio 249 foi o cara que deu vida ao meu sonho de ser um policial do Bope. Apelidado de *Frango* por seus amigos de turma, foi o cara que me inspirou. Descobri, por meio dele, que pessoas comuns podem nos inspirar a grandes feitos. O Bope, até aquele momento, era a grande realização da minha vida. Suas histórias, as fotos de seu curso dentro daqueles álbuns da Kodak verde e branco, que mostravam dentro do condomínio, sem saber, definiram meu destino. Éramos muito mais novos, provavelmente ele não se lembrava, mas eu, sim. Participou do 11º Curso de Ações Táticas, apelidado por eles de "CAT Gadernal". As histórias da época do seu curso são capazes de me fazer vibrar até hoje. Sem dúvida, meu curso foi muito mais difícil que o dele. O curso que você está é sempre o mais difícil do mundo, assim aprendemos. Em seu curso, andou do Bairro das Laranjeiras, atual sede do Bope, até o Bairro da Sulacap, onde fica o Centro de Formação e Aperfeiçoamento de Praças (CFAP), uns 45 km de marcha. Imaginava fazer essa longa caminhada no meu, mas cada curso é um curso. Um mentor, um apaziguador dos meus questionamentos, um primo para os amigos do Bope, o *brother*, como ele costuma chamar a todos os seus amigos, quem me levou a ter no peito o mesmo Raio que ele conquistou em 2002.

Talvez tenha sido a minha voz ou os anos de convívio em família que o fizeram pressentir que eu não estava bem, e realmente não estava. Mas, estava determinado a pedir baixa, não só do Bope, mas da carreira de policial militar.

"O exemplo não é a coisa de maior importância para influenciar os outros. É a única coisa."
– Albert Shweitzer

Antes de fechar a loja, aquela noite, liguei para casa.
– Alô, mãe! Tudo bem? Vou da loja direto para o Bope.
– Ué, por quê?
– Vai ter operação cedo, prefiro dormir lá.

Tinha chegado às nove horas na loja, passei o dia todo sozinho e não entrou nenhum cliente. Já eram quase vinte e duas horas, e durante aquele dia refleti muito sobre o que deveria fazer.

Dormir no Bope no dia anterior ao meu serviço foi um hábito que criei. Amava demais aquele lugar e vibrava muito com cada segundo de serviço. Costumava chegar na noite anterior, pegar meu equipamento e ficar pronto para o que desse e viesse, mas aquela era uma situação diferente. Colocava-me entre a cruz e a espada. Queria ficar deitado no meu beliche de frente para o Cristo, meditar e refletir sobre minha vida, naquela que em minha cabeça seria a última noite. Pedia que meu coração me desse as respostas que tanto precisava.

Cheguei antes da meia-noite, mas diferentemente das outras vezes, não peguei meu equipamento, não fiquei circulando pelas dependências. Crescemos com crenças que nos balizam durante boa parte da vida. Às vezes, essas crenças nos impulsionam, por vezes nos limitam. Escutava minha mãe falando que tínhamos que ser funcionários públicos, assim teríamos estabilidade e um salário garantido todo mês. Ela sempre dava seu exemplo, que havia perdido um emprego de anos; e do meu tio, que ficou paraplégico em um assalto, e, graças a aposentadoria da Aeronáutica, não passava maiores necessidades. Não havia entrado para a polícia por este motivo, aquelas crenças pareciam pesar na tomada de decisão. Estava determinado a não ficar amarrado, mas não era tão fácil. Era hora de soltar essas amarras e construir novas crenças. Dormi com minha cabeça girando sobre tudo que havia vivido até ali e que ainda ansiava viver.

– Acorda aí, *filho da puta*! – gritava o *22*.

Já eram quatro horas. Ele não tinha dormido no Batalhão e acabara de chegar para operação.

– Fala aí, *26*! Já pegou o equipamento?

– Ainda não – respondi.

– Vai ter saída agora, *viado*.

– Eu sei, vou me equipar.

– Que cara é essa, *26*? Tá com algum problema, irmão?

– Vou meter o pé, *22*. Cansei.

– Vai meter o pé pra onde, doido, vai pra casa? – perguntou ele sem entender.

– Não, vou meter o pé da polícia.

– Tá maluco, *26*? Tu se amarra nisso aqui, tá surtado, irmão?

Tínhamos uma forma de nos tratar dentro da fração que poderia parecer bem agressiva para quem ouvisse de fora. Aquilo era coisa só nossa, nos xingávamos para expressar qualquer ação ou sentimento. Usávamos as formas mais grosseiras possíveis, mas aquilo nunca pareceu incomodar ninguém. De certa forma, naquele lugar o cara que te xinga é capaz de morrer por você ou com você. O mais interessante é descobrir não ser uma peculiaridade nossa esse tipo de relação. Pesquisando nos livros que leio, para ser capaz de escrever o meu e levar a você sentimentos reais, encontrei uma passagem que descreve esse tipo de relação no livro *Guerra*, de Sebastian Junger "[...] soldados dizem coisas tão inacreditavelmente ofensivas [...] um dos outros. É mais uma maneira de demonstrar que nada pode romper o vínculo entre eles; é mais uma maneira de demonstrar que não estão sozinhos."

Dei um sorriso amarelo enquanto o Cabo Felizola adentrava ao alojamento, falando:

– Equipado, *neguim*. Vamos descer.

– *Frango*, conversa com teu primo aí que ele tá aloprando – falou o *22*.

– Qual foi, *neguim*, o que houve? – perguntou Felizola.

– Vou meter o pé da polícia.

– Para de bobeira, vamos entrar em forma depois a gente troca uma ideia. Esquece esse papo, você pertence a isso aqui.

Equipei-me e desci. A operação seria na comunidade de Antares. Estava decidido que seria a minha última operação, então não ia participar dela com cara e jeito de lamento, de quem estava cansado. Curtiria aquela operação com a mesma alegria, como a primeira. Não ia me permitir sair de forma cabisbaixa. Seria como pendurar as chuteiras; no meu caso, dar adeus às armas. Partimos para Santa Cruz, ainda no escuro.

Seguimos pela Avenida Brasil. Quando estávamos chegando a Santa Cruz percebo os primeiros raios de sol. Durante todo o caminho, fui preparando-me mentalmente. Não me permitiria ficar com medo. Não baixaria a guarda. Mentalmente me concentrei para dar o meu melhor, para me colocar em meu estado de recursos mais apurado. Naturalmente, as pessoas falham no momento em que rompem com o que fazem, sua mente desfoca, e algo que nunca imaginou é reproduzido. O livro *O poder sem limites* conta a História de Karl Wallenda, famoso equilibrista de circo:

> "Ele representara sua rotina no fio de arame durante anos com grande sucesso, nunca considerando a possibilidade de falha. Cair simplesmente não fazia parte do seu arranjo mental. Então, uns poucos anos atrás, principiou de repente a mencionar a sua esposa que começara a se ver caindo. Pela primeira vez começava concretamente a fazer para si mesmo uma representação de queda. Três meses depois de ter, pela primeira vez, falado sobre isso, caiu e morreu. Algumas pessoas diriam que tivera uma premonição. Outro ponto de vista é que forneceu a seu sistema nervoso uma representação coerente, um aviso, que o deixou num estado que apoiou o comportamento de queda – ele criou um resultado. Indicou ao cérebro um novo caminho para seguir e, por fim, foi o que fez. É por isso que é tão decisivo na vida focalizarmos o que queremos, em oposição ao que não queremos."
>
> (ROBBINS; TONY, 2019, p.60).

Se estava focado em fazer daquela a minha última missão, iria focar ainda mais em cooperar para que todos voltassem para casa sem nenhum arranhão. Nada era mais importante que voltarmos todos para nossas famílias, independentemente do meu anseio pessoal, ali, eles eram mais importantes que tudo, e iria honrá-los.

Chegamos e deu para perceber que aquela não seria uma última missão pacífica. Fomos recebidos a tiros. Estávamos em duas patrulhas dentro do mesmo blindado. A nossa recebeu a missão de desembarcar e patrulhar a pé. Enquanto o blindado faria patrulhas, outras frações, mais o GRR, acessariam por outros pontos, buscando fazer um cerco para evitar a fuga dos marginais para a favela do Rola, vizinha à comunidade onde estávamos.

Entramos em uma rua que tinha uma ponte sobre um canal. No início da ponte havia trilhos de trens com pneus em volta, banhados de óleo diesel. Eram dois trilhos, formando uma espécie de passagem bem estreita, com acesso apenas para carros de passeio. Em um dos lados, os pneus pegavam fogo; e o outro, parecia não ter havido tempo para acender. Era exatamente nesse ponto onde os tiros se concentravam.

– Vamos desembarcar – falou o policial que comandava nossa patrulha.

Precisávamos estabelecer um perímetro seguro para tirar os trilhos. Começamos o desembarque com cuidado, fazendo uma cobertura de fogo para tirar os marginais da posição de onde nos atacavam. Fui em direção ao trilho, junto com o *22*, um dos maiores que já havia visto. Tento levantar. Fui com muita vontade, mas sem noção do peso e fazendo muita força, não consegui sequer erguê-lo do buraco.

– Porra, isso pesa *pacaralho. Me* ajuda aqui, *22*! – falei.

Ele veio em minha direção, rindo, e ajudou. Conseguimos erguer e tirar os pneus, jogando-os no chão.

Os tiros que vinham do final da rua, agora também vinham da rua paralela àquele valão. Era um local muito perigoso para se patrulhar. Eles escondiam-se em áreas de mata para nos atacar, de forma que não conseguíamos ver suas posições. Nos abrigamos, e então decidimos ir para cima, progredindo beco a beco, de poste em poste. Dobrei a esquina com todo cuidado. Do outro lado, atrás de um poste, muito bem abrigado, tão bem que um *sniper* não o acertaria. A posição era de um leão que espreita a presa, notou-me bem antes que pudesse vê-lo. Cabo Rodrigues, branco, de estatura média, de pouco riso, mestre em karatê; se estivesse conversando com ele, era bom nunca o interromper, pois conseguiria te acertar um chute onde quer que você estivesse. Eu tinha um desejo enorme de puxar ponta com ele, alguém com uma plasticidade para fatiar da qual eu copiava cada detalhe. Por vezes, tive a honra de conversar com ele sobre seus feitos, e sempre que ele demostrava como entrava em um beco, fatiando, eu o observava, estudando como seu corpo se movia. Ao mesmo tempo em que desejava, pensava ser impossível, pois era alguém que nunca, nem por um segundo dentro da favela, baixava sua arma, estava sempre em posição. Eu ficava me perguntando: "Como esse cara aguenta? Será que as costas dele não doem nunca"? Um dos meus maiores motivos para me orgulhar da minha passagem no Bope veio dele. Anos depois da minha saída, voltei ao Batalhão e tive o privilégio de revê-lo. E ele falou: "cara, que engraçado te ver hoje aqui, estava falando de você a outro policial, da sua coragem em sair da polícia e do fato de você ter sido um cara sempre disposto a trabalhar bem com a gente. Sempre que *pá*, você não hesitava." Ter ouvido isso de um profissional tão admirável foi gratificante demais.

Passamos por eles e seguimos para o fim da rua.

Essa é a mesma favela onde um cinegrafista que acompanhava uma operação foi baleado e veio a óbito. Vamos estabilizando o terreno até que os disparos cessam.

O dia passava lento. Parecia tudo muito calmo, e, por mais incrível que possa parecer, esse é sempre o momento mais tenso. É importante não baixar a guarda. Se relaxar demais com a calma aparente pode ser o momento de sermos surpreendidos, sabemos disso. Conseguimos ter o controle da situação quando sabemos de onde a agressão vem. A mente está aguçada para todas as possibilidades, atenta a todos os movimentos.

Limpamos algumas ruas, tirando as barricadas para facilitar a passagem do Caveirão. Continuamos a patrulha em busca de suspeitos, quando novos disparos chamaram nossa atenção. Dei um lanço para dentro de um bar. Buscava um abrigo. *22* e *Chifre*, apelido de um dos policiais que estavam com a gente, vieram comigo. Ficamos abaixados fazendo um perímetro de segurança, tentando identificar alguma coisa no fim da rua, quando um senhor entrou correndo no bar para se proteger. Ali parado, me preocupei em dar uma rápida olhada naquele homem que entrava assustado. Aparentava ter cinquenta e poucos anos, de óculos, regata e bermuda. Parou bem próximo ao balcão, quando meus olhos o encararam, ao mesmo tempo que ele me olhou fixamente, senti como se quisesse dizer algo. Desviando seu olhar, soltou um papel, que caiu no chão; virou-se para o homem que estava atrás do balcão, falou alguma coisa e saiu. Já tinha ouvido história, de amigos policiais, sobre essas situações. Moradores que fazem denúncias desse tipo, mas até aquele dia eram somente histórias; porém, aprendi a verificar todas elas.

– *Chifre*! – chamei. A mania que ele tinha de chamar todos de *chifre* pegou na fração toda.

– Fala, *Chifre* – ele respondeu.

– Esse coroa que entrou aqui, você viu?

– Vi que entrou, mas nem reparei, *tô* bancando aqui.

– Se liga! – falei.

Fui até o papel, sem deixar o homem que estava ali perceber, e o desenrolei.

– *Chifre*, o coroa queria dar alguma coisa.

– E por que não deu? – perguntou.

– Deu, me olhou e deixou esse papel cair, se liga! Tem como se fossem alguns locais, tipo denúncia. O *Frango* tá no blindado?

– Tá!

Peguei meu telefone na mesma hora e liguei.

– Qual foi, *neguim*! – respondeu Felizola.

– Se liga! Bate três informações que eu vou te passar aí, pode ser?

– Qual a ideia? – perguntou ele.

– Um coroa passou aqui do lado e deixou cair um papel. Tem nome de alguns locais e alguns apelidos. Dá um pulo e vê qual é.

– Manda aí que vou falar com o *01*.

O blindado continuava a dar voltas pela comunidade, mas era difícil encontrar algo às cegas. Assim que passei a primeira informação o blindado rumou em direção ao local indicado.

Antes de chegar, sabiamente parte da equipe do blindado desceu e foi caminhando pela rua de trás, paralela à da informação que estava no papel, o que foi a coisa mais certa a fazer. Assim que o blindado parou próximo à localidade, um elemento pulou pelo muro da rua paralela a que o blindado estava, mas se deparou com parte da equipe a pé, que efetuou a prisão.

Logramos êxito também nas outras duas informações que recebemos. Aprendi a colocar em prática as coisas que ouvia. Isso era fundamental para ter sucesso.

O comandante anunciou o fim da operação, mas a situação ainda parecia tensa, então decidimos que seria melhor evitarmos caminhar. Pedimos que o blindado viesse até o ponto em que estávamos.

– Chegou nossa carona! – falou o *Chifre*, com ar de brincadeira.

Entramos um a um e me sentei bem ao lado do Cabo Felizola, que entrou em um assunto que eu nem imaginava que ele havia dado tanta importância.

– Que porra é essa, *leke*, de sair da polícia?

– Já deu pra mim! – respondi.

– Porra, *neguim*, tá maluco? Olha o trabalho que fez hoje. Geral se amarra na sua, pensa melhor, vai pra casa, descansa. Qualquer coisa conversa comigo.

Fiquei em silêncio refletindo um pouco sobre o que ele falava, mas meu limite tinha chegado. Continuar ali já não me dava mais prazer, passou a ser motivo de dor. Não conseguia mais enxergar razões para continuar meu trabalho, era hora de alçar novos voos. Aquela, definitivamente, era minha última operação.

Segundo Tony Robbins, no livro *Desperte seu gigante interior*, dor e prazer são forças que moldam a nossa vida.

> "DOR E PRAZER! Tudo o que você e eu fazemos ou se deve a nossa necessidade de evitar dor ou ao nosso desejo de obter prazer [...] Compreendendo e utilizando as forças da dor e do prazer você será capaz de, uma vez por todas, de criar mudanças duradouras e os melhoramentos que deseja para si próprio e para as pessoas com que se importa... Por que você não faz algumas das coisas que sabe que deveria fazer? [...] O que impede você de se aproximar do homem ou da mulher dos seus sonhos? [...] Para a maioria das pessoas, o medo da perda é muito maior que o desejo de ganhar. O que o deixa mais mobilizado: impedir alguém de furtar os 100 mil dólares que ganhou nos últimos cinco anos ou a possibilidade de ganhar 100 mil nos próximos cinco? O fato é que a maioria das pessoas trabalharia muito mais para conservar o que tem do que para correr os riscos necessários para conseguir o que realmente desejam [...] Sentimo-nos ainda mais poderosamente compelidos a agir se, no mesmo momento, começamos a antecipar como a mudança também resultará em uma grande dose de prazer para nossa vida."
>
> (ROBBINS; TONY, págs. 59,60 e 61)

Óbvio que, dentro daquele blindado, indo em direção ao Bope, eu não pensava em Tony Robbins. O prazer de ler, de encontrar nos livros dissertações que expliquem momentos da nossa vida, me faz querer compartilhá-las e, quem sabe, inspirar você a entender suas ações, emoções e sentimentos, assim como anos depois pude entender as minhas. E nesta passagem encontro tudo o que realmente estava sentindo. O prazer havia acabado, virou dor estar ali. Quando imaginava minha vida como empresário, voltava a sentir grande entusiasmo. Imaginava poder ser um exemplo de alguém que deixa a zona de "incômodo", como passei a definir, e buscar na inquietude a coragem para realizar novos sonhos.

Cheguei ao Batalhão, tomei banho, sentei em minha cama e fiquei pensando. Apesar de não ter encontrado uma motivação para continuar ali, existia o medo da incerteza a ser vencido.

Fui em direção à sala do P1, caminhando com passos firmes. Poucos metros antes, ficava a sala do psicólogo. Passei por ela *a toda*. Até aquele momento, nunca havia sequer pensado na possibilidade de entrar lá, apesar de estarem sempre à disposição. A porta estava entreaberta, e uma voz veio na minha cabeça: "entra, não custa nada". Parei antes de entrar na sala do P1, dei meia-volta e fui em direção à sala. Pensei que deveria saber o nível da minha loucura. Será que estava fazendo a coisa certa? Olhei para dentro da sala e falei:

– Olá! Tudo bem? Posso dar uma palavrinha com você?

– Claro, Freitas! – respondeu. – Entra e fecha a porta.

Conversamos um pouco, falei do meu sentimento quando pisei pela primeira vez naquele solo, tão sagrado para mim, e do sentimento que encarava agora, dos meus anseios. Falei sobre a busca por um novo propósito para minha vida. Fui o mais verdadeiro que pude. Ao final, ele disse uma frase que nunca mais esqueci.

– Freitas, você rompeu com esse sonho. Chegou ao topo de onde queria. Não tem mais para onde ir, por isso está sentindo-se assim. O Bope, enquanto sonho, foi alcançado e deixou de fazer sentido. Agora você precisa de mais, você quer mais. Sabe que tem asas e sabe que pode voar. Vai fundo, cara!

Senti uma paz tremenda. Entrei na P1 e coloquei um ponto final naquele sonho realizado.

14: O PODER DO FRACASSO

TER ME DESLIGADO DA POLÍCIA ME DEU UMA SENSAÇÃO DE ESTAR VOLTANDO para casa, mas foi algo que nem metaforicamente eu fiz; pelo contrário, estava cada dia mais distante, tanto de casa quanto de mim mesmo. Com os fracassos recorrentes, vinha colocando uma armadura sobre mim e estava pesando demais sobre minhas costas. Lembrava-me os filmes de guerra, gênero do qual sou fã, quando os personagens voltavam para casa, após anos no *front*, completamente desorientados com a nova realidade.

Agora tinha todo o tempo do mundo para me dedicar de forma integral ao meu novo sonho. Mas ao deixar a polícia, deixei também minha fonte de renda. Só percebi esse fato após a saída, mais uma vez pela falta de planejamento, quando no primeiro mês de pagamento me vi sem nada. Era como estar em um deserto, sem saber para qual lado ir, vendo todas as ressalvas daqueles que tentavam me desencorajar se tornarem reais de uma só vez.

Recorri à ajuda da minha namorada, que começou a cobrir os buracos emprestando dinheiro. Enquanto o dinheiro era meu, em minha cabeça estava tranquilo quanto a gastá-lo, mas me sentia muito mal por ele vir de fora, não conseguia ter paz.

Coloquei todas as esperanças no Natal daquele ano, seria minha grande cartada. Se vendesse o mesmo valor que havia conseguido no ano anterior, conseguiria "trocar o pneu do carro em movimento". Estava ficando cada dia mais estressado, mais irritado. Sentia-me autossuficiente e simplesmente estava só. Mas o meu universo testaria ainda mais minha sanidade.

Em novembro, o lugar que eu havia alugado, que me servia de escritório e estoque, foi arrombado e furtado. Levaram um total de 300 bermudas, mais da metade de tudo que tinha.

O Natal foi um desastre em vendas. As poucas peças que sobraram após o furto não me deram a chance de vender em grande volume. O que vendi foi para pagar parte das dívidas com pessoas próximas, que se acumularam durante o período em que cometi inúmeros equívocos. Eu tinha perdido tudo. Estava falido e endividado.

O ano começava completamente zerado, atolado em dívidas. Poderia seguir tapando os buracos, com a ajuda que já era oferecida a mim, mas coloquei um ponto final. Como um meteoro, três meses depois, fechei a loja.

No Bope, durante a época em que estive lá, convivi com ditados que diziam, "não há nada que esteja tão ruim que não possa piorar", "dá pra rir, dá pra chorar". Convivíamos muitas vezes esperando pelo pior, já que a máxima era que nosso "inimigo" só nos atacava em nossa zona de conforto, quando baixávamos a guarda ou não estávamos esperando. Habituei-me com isso durante todo aquele período. Carregava aquelas crenças comigo todos os dias, e elas se mostravam presentes após minha saída. Todo dia algo ficava pior. O que mais poderia acontecer?

Assim que baixei as portas, logo após o Carnaval daquele ano, estava uma pilha de nervos. Ninguém conseguia conviver por muito tempo comigo, eu não conseguia relaxar. A frustração e a vergonha me dominavam. Não queria contato com ninguém. Piorando – como sempre pode, segundo a crença – senti meu coração disparar. Batia tão rápido quanto na época em que subia as escadarias das comunidades correndo. A sensação era tão parecida que achei que voltaria ao normal, apesar de nunca haver pulsado daquele jeito, sem fazer tamanho esforço.

Começou no fim da tarde. Passei horas deitado para ver se voltava ao normal. Faria qualquer coisa para evitar o hospital. Perto de vinte e duas horas decidi ir ao médico. Ir à noite era sempre melhor, mais vazio e o atendimento, mais rápido. Fui chamado pela doutora, que colocou o estetoscópio para ouvir o coração, e na mesma hora solicitou um eletro. Sem me dar muita explicação, chamou uma enfermeira e me colocou internado no CTI. Meu quadro era de arritmia aguda, minha frequência cardíaca chegava aos 180 bpm.

> "É a mente que faz a bondade e a maldade,
> que faz a tristeza ou a felicidade, a riqueza e a pobreza."
> – Edmund Spenser

Precisava avisar alguém. A pessoa mais tranquila para dar a notícia seria meu pai. Boa parte do meu jeito herdei dele. Um grande exemplo de pai, sempre muito amoroso em minha infância. Alguém que perdeu sua zona de conforto ao perder o emprego de anos, e com sua teimosia decidiu reconstruir seu universo em torno de algo que as pessoas duvidavam que ele conseguisse. O vi passar por tantas provações quanto eu vinha passando. Quando tudo parecia que ia explodir, ele colocava sua vara de pescar nas costas e ia à praia. Muitos viam aquilo como um absurdo. Como pode alguém que está em dificuldades ter uma reação daquela? Foi uma opinião da qual também compartilhei muitas vezes, mas só depois descobri que aquilo era a sua válvula de escape, o que lhe permitia manter a sanidade, se renovar e continuar tentando no dia seguinte. Tempos depois pude entendê-lo. Se da minha mãe herdei a ação, dele herdei a perseverança, que para muitos é definida como teimosia.

– Alô, pai!

– Fala meu filho, tudo bem? – respondeu ele.

– Dei entrada aqui no hospital, estou no CTI. Tive algum problema no coração.

Nunca havia visto aquele tipo de reação. Ele sempre foi tranquilo, mas acho que foi tomado por uma sensação da qual não esperava sentir. Com a voz embargada, perguntou:

– Sério? Mas você sente que *está indo*?

Assim que ele falou isso, a bateria do telefone acabou. Pode parecer estranho achar graça, mas a pergunta tinha me feito rir. Acho que se estivesse *indo*, não estaria no telefone avisando, preocupei-me com o fato de deixá-lo somente com parte da informação. Não demorei muito a recarregar o telefone e tornei a ligar.

– Pai, acabou a bateria – falei.

– Tô pegando um táxi, indo para aí, meu filho – falou, ainda com a voz apreensiva.

– Calma, pai! Escuta! A princípio devo sair amanhã, já estou medicado, sendo bem tratado. Não conta pra ninguém. Caso não saia amanhã, você pode avisar a minha mãe e minha avó, e vir aqui com elas.

Fiquei no hospital durante quatro dias até o coração voltar ao normal. Saindo dali, fui obrigado a procurar um cardiologista para fazer exames mais profundos, e descobrir as possíveis causas daquela ocorrência. Fiz uma bateria de exames, e com todos eles em mãos, o médico mandou que ficasse por seis meses em casa, sem fazer absolutamente nada. Brincou, dizendo que não queria que fizesse nem uma caminhada leve, nenhum tipo de exercício, até o fim dos medicamentos. Perguntei, insistentemente, se todo o estresse do fechamento da loja e a saída da polícia poderiam ser as causas. Ele respondeu que o estresse era apenas um gatilho, que os novos exames, que repetiria em seis meses, dariam uma ideia clara do que tinha de fato.

Não sei como as pessoas reagiriam a tudo o que eu estava passando, mas minha cabeça começava a surtar. Era um cara superativo, com uma vida "emocionante". Tive que desacelerar totalmente, e com risco de ter algo que me impossibilitaria de levar a vida "normal" que levava. Seriam seis meses enfurnado dentro de casa, ansioso, frustrado e angustiado. Não aguentaria. Minha cabeça saiu daquele consultório me condenando.

Como pude deixar que minha vida se transformasse naquilo? Do sonho e conquista da carreira no Bope à falência total como empreendedor. Perdido, envergonhado, com medo de encarar as pessoas, fui direto para a casa da minha namorada. Tentei explicar um pouco de toda frustração e entrei no quarto, sem rumo nem perspectivas, determinado a não sair mais.

"A mente está em seu próprio lugar, e em si mesma.
Pode fazer um Céu do Inferno, um Inferno do Céu."
– John Milton

O tempo não passava, e me vendo absolutamente sem nada, mergulhei em uma depressão. Não saía do quarto escuro para quase nada, e a loucura em minha cabeça aumentava todos os dias. Acordar passou a ser uma tortura. Ao mesmo tempo que tentava entrar em um estado inconsciente, sentia uma dor ainda mais profunda de imaginar que alguém poderia me ver naquela situação, achando-me um coitado, sentindo pena de mim, então ficava isolado. A única pessoa que sabia pelo que eu passava se recusava a ter esse tipo de sentimento. Por mais estranho que possa parecer, isso me irritava demais, pois parecia que ela não se importava, era desesperador! Incentivava-me a sair daquela situação, e eu a levava a loucura.

Lembro pouco de como eram os dias, pois tudo parecia sempre igual, então comecei a pensar que a melhor solução para o turbilhão de carga negativa que passava naquele momento seria me matar. Cheguei à conclusão que estava cansado, queria me aliviar de tudo aquilo que coloquei sobre mim.

Morava no 13º andar do prédio e sabia que daquela altura seria morte certa.

Não lembro qual era o dia, ainda que faça força para tal. Esperei ficar sozinho, fui para varanda disposto a sentir a paz que há algum tempo havia sido roubada de mim. Queria silenciar minha mente, e não me importava com nada até chegar ao parapeito e fazer a seguinte pergunta: "Por que eu não devo pular e acabar com toda essa dor?". Naquele momento, em minha cabeça se formou a imagem da minha filha, minha mãe, meu pai e minha avó, dos amigos que tinha, dos que tinha feito no Bope, e ouvi a seguinte frase: "Você pode até fazer, mas antes dê a eles a escolha de ajudarem. Como eles vão saber que você está precisando, se você não falar?" Aquilo que estava prestes a fazer parecia desonrar as pessoas que me amavam, que confiavam em mim e que se sentiriam mal por não terem agido.

Recuei, sentia-me mal por ter chegado tão perto de desonrar a todos. Voltei para o quarto e fiquei quieto, tentando me convencer que era tão fracassado que nem coragem para pular eu tive.

Muitos anos depois, um pouco antes de começar a colocar as ideias deste livro no papel, li um livro transformador, *Desperte seu gigante interior*, de uma das principais autoridades no mundo em psicologia do desempenho máximo e em Programação Neurolinguística, Tony Robbins (2017, p.212), e descobri o que salvou minha vida naquele momento. No livro, ele escreve sobre o poder das perguntas.

> "O que realmente faz a maior diferença em minha vida, em quem me tornei, em quem sou como pessoa, e para onde estou indo? [...] Não são os acontecimentos que moldam minha vida e determinam como

me sinto e ajo, mas sim a maneira como interpreto e avalio minhas experiências na vida [...] As perguntas desencadeiam um efeito processional que tem um impacto além de nossa imaginação. Questionar nossas limitações é o que derruba as muralhas na vida – nos negócios, nos relacionamentos, entre países. Creio que todo o progresso humano é precedido por novas perguntas."

Aprendendo sobre o valor das perguntas, qual seria minha atitude se tivesse me perguntado a razão pela qual deveria pular?

Cada dia me afundava mais e enlouquecia a vida da única pessoa que sabia pelo que eu passava. Disposta a não me abandonar, e sabendo que a única atividade saudável que mantinha era a leitura, sempre trazia algum livro novo. Habituou-se a não dizer que era para mim, pois eu respondia que não iria ler, mas durante os momentos em que ficava sozinho, mergulhava nas diversas biografias e livros de negócios que iam se acumulando.

Só queria me livrar daquela dor. De *Caveira*, membro da Tropa de Elite dos policiais do Rio de Janeiro a empresário fracassado, que não desejava ver ninguém.

A leitura de biografias crescera a partir da palestra do Bernardinho e se intensificou pelo momento que eu estava passando, eram minhas companhias; com elas comecei a identificar algo semelhante em minha história. Por incrível que pareça, O FRACASSO, esse sentimento aterrador, é algo comum na vida de muitos, e mais ainda na vida dos que ousam sair da zona de conforto para alçar novos voos. No tempo certo, as leituras começavam a transformar as peças que eu havia modificado. Mostravam-me que não estava sozinho, que o caminho que precisava percorrer não era muito diferente daquele que estava enfrentando. A grande questão é que, até então, tinha obtido sucesso em tudo que me comprometi a fazer. O que fizera de tão errado? Trabalhava dia e noite, larguei tudo, investi tudo. Todos os dias me perguntava, o que mais precisava fazer?

Fracassar era uma dor, um sentimento absolutamente novo que não tinha experimentado em 30 anos de vida.

Após seis meses, era o momento de fazer os novos exames que indicariam se eu poderia voltar às atividades normais ou se ficaria com algum tipo de restrição. Diante do médico, recebi a notícia que desejava. Meu caso havia sido isolado. Estava de alta.

A notícia era animadora, mas o que me deixava naquela situação não era o coração, era o sentimento de ser um derrotado. Tinha que vencer todos os sentimentos que estavam dentro da minha cabeça, tinha que vencer a forma com que via os acontecimentos. Passei a ter vergonha, medo de ser julgado como alguém que fazia "charme" para ter atenção ou coisa do gênero. Estava querendo arrancar tudo aquilo de dentro de mim, mas não saía do lugar. Sentia-me com desejo de trabalhar, mas não parecia simples acordar cedo e reiniciar a vida. Existe um ditado popular que diz que cada um sabe o peso da sua cruz, e a minha era pesada demais. Torná-la leve parecia uma questão de anos, muitas terapias e remédios, mas só parecia.

No mesmo livro de Tony Robbins (2017, 149), citado acima, ele disserta exatamente sobre esse sentimento de se manter inerte à mudança. Ele acredita que a mudança acontece no momento em que queremos, no momento em que decidimos que queremos um novo "eu", mas trata também sobre a dificuldade que é dar esse passo, já que estamos presos muitas vezes a nossos próprios julgamentos. Descreve o seguinte:

> "Por que a maioria das pessoas acha que a mudança demora tanto tempo? Um motivo, óbvio, é que as pessoas já tentaram várias vezes, por meio da força de vontade e fracassaram. A suposição que fazem então é a de que as mudanças importantes devem levar muito tempo e são sempre difíceis [...] O segundo motivo para não mudarmos depressa é o fato de que, em nossa cultura, temos um conjunto de

convicções que nos impedem de usar nossas capacidades intrínsecas. Em termos culturais, vinculamos associações negativas à ideia de mudança imediata. Para a maioria, a mudança imediata significa que nunca houve de fato um problema. Se você pode mudar com tanta facilidade, por que não mudou há uma semana, há um mês, há um ano, e parou de se queixar?".

Quando conseguia afastar a dor, me perguntava: "Se preciso passar por isso, como devo recomeçar? Como sair dessa agora?". Ainda não tinha a resposta.

Começara a ler um livro, *Como nadar entre tubarões e não ser comido*, de Harvey Mackay. Certa noite cheguei a um trecho que me chamou muito a atenção. Falava da importância do sonho, de ver as coisas que você deseja em sua mente. Narrava a história de um judeu que sobreviveu ao holocausto e vivia nos dias atuais dando palestras e contando como suportara os horrores dos campos de concentração. Ele dizia que, na época em que estava preso, conseguia se ver no futuro, falando para as pessoas sobre como sobreviveu àquele inferno. Adormeci convicto de que aquele momento que atravessava tinha algo que ainda não conseguia enxergar, e tornei a perguntar, como eu poderia continuar? Dormi com essa pergunta na cabeça.

"A imaginação é mais importante que o conhecimento."
– Albert Einstein

Pela manhã, escutava o barulho do chuveiro, a água caindo no chão, eu não fazia muita força para sair já que não iria a lugar algum. Ela saiu do banho, se arrumou, mas antes de sair sempre me acordava, ainda que me irritasse muito, já que não pegava no sono novamente; alegava que precisava saber se estava vivo.

– Como você está? – perguntou.

Virei e fiz um sinal de ok com a mão, sem falar nada. O quarto estava escuro, mas a porta entreaberta deixava um pouco de luz entrar. Ela pegou sua bolsa e foi em direção à porta, mas antes de sair do quarto, como se tivesse lido o capítulo que li na noite anterior, disse:

– Freitas, cria uma marca que tem a ver com você, que conta sua história. Eu te ajudo.

Em sua biografia, Tom Carroll, bicampeão mundial de *surf*, fala sobre esse sentimento e a necessidade de se superar para vencer a si mesmo, após fracassar em seu processo de recuperação:

> "Nossos corpos tentam se recuperar o tempo todo. O tempo todo tentamos continuar vivos. Se você tentar se matar, se afogar na banheira, pegar uma faca e começar a cortar sua aorta, tudo em você vai resistir a esse impulso. Tem que ver com a vida, com reconstruir a vida. E, por mais pessimista que possamos ficar, a verdade lá no fundo é que é uma questão de manter a constância, crescer, ajudar, nutrir essa vontade. Há muitas coisas dentro de nós, coisas muito poderosas. Enquanto houver uma oportunidade, mesmo quando estamos na merda, existe vida."
>
> CARROL; TOM, (TC, 2014, p. 264)

A porta bateu, enquanto a história do livro do dia anterior vinha a minha cabeça.

Nascia a *Vinteseis*!

PARTE 3
VOLTANDO PARA CASA

"O Zen diz que o espaço entre aceitar as coisas como elas são e desejar que elas sejam de outra maneira é 'a diferença de um décimo de polegada entre o céu e o inferno'. Se pudermos aceitar as cartas que nos foram dadas, quaisquer que elas sejam – especialmente quando não são bem-vindas –, a melhor maneira vai acabar se tornando clara. É isso que é chamado de ação correta: a capacidade de observar o que está acontecendo, e agir apropriadamente, sem se distrair com pensamentos autorreferentes. Se ficarmos com raiva e resistirmos, nossas mentes cheias de medo e raiva não conseguem se aquietar suficientemente para nos permitir reagir da forma mais benéfica para nós e para os outros."

Cestas sagradas – Lições espirituais de um guerreiro em quadra.
PHIL JACKSON & HUGH DELEHANTY

15: RESSIGNIFICANDO

ATÉ OUVIR AQUELAS PALAVRAS, EMPREENDER, A PRINCÍPIO, TINHA COMO fim o dinheiro. A coragem que eu tinha para quebrar a zona de "incômodo", era algo que me movia à ação. Uma mudança de rumo brusca, pautada por um motivo que até então não havia me impulsionado. Faltava-me um propósito genuíno.

A *Vinteseis* ressignificava tudo. Despertava a coragem que precisava para falar sobre minha história, minhas dores, sem julgamento. Por meio dela, senti vontade de ajudar outras pessoas a enfrentarem o que passei e a encontrarem seu propósito. Descobri, durante muitas conversas, que existem muitas pessoas vivendo as mesmas situações. "Vesti-las" de inspiração passou a ser o meu novo propósito. O motivo agora iria muito além de vender roupas.

O que seria ressignificar? O livro *Resignificando* explica o valor dessa ação da seguinte forma:

> Uma estória chinesa muito antiga do taoísmo fala de um camponês que habitava numa aldeia muito pobre do interior. Era considerado bem de vida porque possuía um cavalo que usava para arar a terra e como meio de transporte. Um dia seu cavalo fugiu. Todos os vizinhos exclamaram que isso era terrível; o camponês disse simplesmente: "Talvez".

Alguns dias depois, o cavalo voltou e com ele trouxe mais dois cavalos selvagens. Todos os vizinhos alegraram-se com sua boa sorte, mas o camponês disse simplesmente: "Talvez".

No dia seguinte, o filho do camponês tentou montar num dos cavalos selvagens; este o lançou por terra e o rapaz quebrou a perna. Os vizinhos todos condoeram-se com seu azar, mas novamente o camponês disse: "Talvez".

Na semana seguinte, os oficiais da convocação militar vieram até a aldeia para recrutar jovens para o exército. Rejeitaram o filho do camponês porque estava com a perna quebrada. Quando os vizinhos comentaram como tinha sorte, o camponês respondeu: "Talvez".

O significado de todo acontecimento depende do "molde" (*frame*) pelo qual o vemos. Quando mudamos o molde, mudamos o significado.

A isto chama-se "resignificar" (*reframe*): modificar o molde pelo qual uma pessoa percebe os acontecimentos, a fim de alterar o significado.

Quando o significado se modifica, as respostas e comportamentos da pessoa também se modificam."

(BANDLER; RICHARD, GRINDER; JOHN, 1982, p. 9)

Não fazia ideia de quão positivo todos aqueles acontecimentos se tornariam. Até então só conseguia enxergá-los pelo lado negativo. Não tinha noção que olhar era apenas um hábito, e eu tinha me habituado a ver as coisas sempre pelo pior ângulo. Ainda que lutasse, carregava aquelas crenças, a ideia que tudo podia piorar de uma hora para outra, que no momento de calmaria coisas ruins aconteceriam, e tudo piorava a cada dia.

Na época do Bope, esse pensamento servia para nos proteger. Dentro daquele universo, do qual tinha acabado de sair, pensar assim nos ajudava, mantinha-nos vivos, aguçava-nos a atenção e nos fazia manter a guarda alta em um local onde era necessário. Servia para eu viver no Bope, mas como empresário precisava ter um novo modelo mental.

Estava me protegendo com a armadura que pus em volta de mim. A cada vez que falhei, demonstrar vulnerabilidade era algo que parecia coisa de gente fraca. Com isso, a cada dia fui afastando mais as pessoas de mim. Por diversas vezes ouvi alguns amigos dizendo que eu era um personagem, e descobri que estava sendo. Preso à ideia de que a mudança demonstrava falta de personalidade, ainda que melhorasse minha vida e de todos a minha volta. A meu ver, mudar, parecia coisa de uma pessoa que o faz por conveniência, não por sabedoria. Precisava descobrir como fazer os ajustes necessários em mim. Ainda que a *Vinteseis*, enquanto marca, já existisse, ainda que olhasse para o problema do coração e a depressão com um olhar positivo, não conseguia livrar-me do meu velho "eu" para começar a prosperar.

Nessa busca para me encontrar, dedico-me a novos tipos de leituras. Estudava e analisava cada biografia, as percepções, as mudanças, e de alguma forma buscava modelar os melhores exemplos. Foi na leitura da autobiografia do Mike Tyson que alguma coisa mudou em mim. Não sabia exatamente o que, mas era tão visível a calma que passei a ter, que isso foi percebido em meu convívio. Geralmente, pode-se ter uma boa noção de si quando avaliamos o que os outros sentem perto de nós.

A história de Tyson é incrível (*A verdade nua e crua*, 2014, p. 464). Em determinado capítulo, ele assume para si ter criado um personagem:

> "Toda aquela obscuridade era uma pose, uma persona [...] Você é um cara legal, Mike. Ninguém vê isso porque foi ofuscado por toda aquela merda sombria que você passou na vida. Mas você tem que se manter na luz, porque, quando está nela, você brilha demais."

Todos os fracassos que vivi após sair do Bope me tornaram um cara duro, uma pessoa distante e sem essa luz que ele fala. O fiz sem sentir, sem perceber, estava sendo moldado pela dor. Precisava me livrar daquele "eu" que fazia mal a mim mesmo e a todos a minha volta. Assim, comecei a perceber que o novo comentário era que estava mais calmo, mais tranquilo.

    Tinha na cabeça que quando tivesse "sucesso" seria uma pessoa melhor, mais agradável. Mas, o que é o sucesso? Sucesso aos olhos de quem? Comparado com o quê? Não sabia definir essas respostas, o que fazia com que desmerecesse, internamente, tudo que havia conquistado até aquele momento. Não conseguia ver minha saída da polícia como algo positivo, não conseguia equalizar as coisas dentro de mim.

    Ainda sem vender, dentro do que imaginava necessário, optei por enxugar um estoque que se acumulara, em anos de tropeços, e coloco à venda aquela grande quantidade de peças por valores irrisórios. Inicialmente, pensei em fazer um novo estoque, mais *clean*, mais moderno, mas resisti a essa ideia, acreditando que não venderia.

    Ainda dominado pelo antigo "eu" pessimista, uma ideia fixa começava a rondar minha cabeça. Depois que comecei a ganhar consciência da necessidade de uma mudança, precisava ir além das leituras, investir em algo que me melhorasse como ser humano, que me fizesse entender os meus *porquês*. Precisava fazer a transformação de dentro para fora.

    Matriculo-me em um curso de *coach*. A ideia surgiu depois de ler um livro sobre o tema. Na batalha que vinha travando, precisava mais de mim para ir mais além. A venda do estoque antigo, por um valor que parecia irrisório, era exatamente o valor do curso; que parecia bem caro, de acordo com a importância que você dá a cada situação.

    Para não desistir da ideia, faço a inscrição, mas tentava encontrar um motivo para desistir e pedir meu dinheiro de volta, enxergando tudo com uma visão bem reduzida, tentando não dar valor a nada, como se estivesse acostumado a estar na situação em que estava. Criava todo tipo de julgamento, até entregar o cheque que faltava e me sentar na cadeira, no final da sala, bem fechado a todos.

> "Vencer competições é relativamente fácil.
> Vencer a si mesmo é um compromisso sem fim."
> – Nike

Sentado no fundo da sala, tudo me parecia uma grande bobeira. Éramos recebidos sempre com muita animação, o que me parecia demasiado, mas pouco a pouco passei a relaxar e a interagir com as pessoas que estavam ali. Durante todo o curso aprendemos o valor do abraço, algo que cresci sem ter praticado. Não que nunca tivesse abraçado, mas aprendi que um abraço é capaz de transformar o dia. Ancorava a falta da prática de abraçar a minha criação. Minha mãe, com todo amor do mundo, sempre que é abraçada, se encolhe, fechando seus próprios braços, quase como se estivesse se protegendo. Aquilo tinha virado uma crença que me limitava e continuava a resistir.

Não falei muito durante os primeiros dias, mas lembro exatamente quando fiz meu primeiro questionamento. Era uma aula que falava o quanto era importante ser positivo em tudo que se faz na vida. Aquela aula era algo que encontrava em minhas leituras, que exerci durante o período que persegui o sonho de ser *Bopeano*, até começar a fracassar. Toda coleção que fazia começava de forma pessimista, dizendo que não ia vender, ancorando as piores expectativas possíveis, sempre me preparando para o pior. Imagina se antes de entrar para o Curso de Ações Táticas eu pensasse assim, quando enfrentei a dificuldade na hora da prova? Nunca tinha sido pessimista, mas os revezes fizeram-me esquecer de mim mesmo e do que era capaz de acreditar. O professor falava com muito entusiasmo. Falava da importância de usar em seus dias palavras de cunho positivo, substituindo palavras que remetessem ao negativismo. O negativismo, inclusive, pode ser o motivo de doenças psicossomáticas. Eu tinha um bordão que me acompanhava há um tempo: "tô cheio de problema".

Era hora de questionar. Alguma coisa estava desalinhada. Pela primeira vez falei durante aquele módulo. Questionei que aquilo que ele estava falando me soava estranho, que havia sido policial do Bope, e que no período em que estive lá carregávamos aquelas máximas que já citei. Disse que nunca via ninguém ficar doente, e que os homens com quem trabalhei obtinham sucesso dentro da carreira de forma admirável. Ele me olhava atentamente, escutava tudo o que eu dizia. Quando terminei de narrar, ele disse que entendia que aquilo que dizíamos lá dentro era *"ecológico"*, as crenças que servem para nos proteger tinham um cunho positivo, que serviam para viver lá... Foi isso que, de alguma forma, entendi. Nem consigo afirmar se a mensagem saiu com essas palavras de sua boca, mas ele disse: "tudo é como nós vemos". Ao final de sua explicação, ele perguntou:

– Faz sentido pra você?

Se nosso corpo reage aos nossos pensamentos, se nossa mente não consegue saber o que é real ou imaginário, podemos alimentá-la do que desejarmos. Essa era a minha grande sacada. O próprio sucesso já existia dentro de mim. Bastava vê-lo, senti-lo, e meu corpo reagiria positivamente em sua direção. Eu me vestiria dessa ideia.

Como Tom Carroll (2014, p.76) cita em sua biografia: "Se eu ia ser campeão mundial, precisava ser capaz de me ver como campeão mundial. Precisava me definir de maneira clara, fazer meu trabalho e me sentir digno dele".

Era hora de reconhecer que tinha o sucesso em mim, que sabia o caminho, precisava me vestir dele e abandonar tudo que já não cabia mais nessa nova jornada.

Isso explodiu dentro de mim. Alinhando todas as minhas novas crenças para que mudasse, seria uma questão de escolha de virar a chave, e virei. Minha primeira ação foi fazer uma ligação, ainda dentro da sala de aula.

— Fala, Alfredo, tudo bem? — disse, assim que ele atendeu.
— Fala, Freitas, tudo ótimo! O que você manda?
— Acaba com o site. Vamos para outra plataforma.
— Como assim?
— Já deu. Você acredita em mim, quem errou em comprar o site ruim e caro fui eu, eu que não pesquisei.
— Tem certeza?
— Tenho, sim. Obrigado por continuar me ajudando.

Tinha resolvido um problema que se arrastou por mais de um ano. Tudo porque transferi a culpa, por estar preso ao valor que investi. Insistia no erro, porque não queria sentir a frustração de ter gastado sem obter resultado, de não ter pesquisado outras inúmeras possibilidades. Mas a autorresponsabilidade me libertava, enxerguei de forma positiva a mudança. Meu site novo ficou perfeito, tão bonito e simples de mexer, como eu queria.

Com minhas perguntas, os alunos daquele curso ficaram sabendo da minha passagem pelo Bope e muitas conversas surgiram em torno desse universo. Contei que tinha uma marca de roupa chamada *Vinteseis*, que era meu número no curso. Contei algumas de minhas missões, contei do desejo de um dia escrever um livro sobre o que vivi lá. Todas as pessoas com quem me relacionei durante aquele período achavam tudo muito incrível. Era tão novo falar de mim com tanto entusiasmo, tanto propósito, que por algum momento desconfiei, achando que falavam para agradar. Ainda não estava habituado a elogios, mas meu coração havia sentido paz.

Até aquele dia, por mais que a marca carregasse a minha história, jamais havia me vinculado a ela. Tinha me tornado tão desagradável que não queria me associar. Nunca havia tirado fotos e jamais pensei em falar para uma câmera. Aquele era um modelo que estava disposto a mudar, a tal mudança de *mindset*. Em sua autobiografia, Arnold Schwarzenegger descreve essa mudança como uma troca de modelo mental, quando para fazer um de seus filmes, o produtor pede para que ele pese apenas 95 kg.

> "Primeiro, precisei mudar minha forma de pensar: deixar de lado a imagem de um Mister Olympia de 113 quilos que tinha na cabeça. Em vez disso, comecei a me visualizar como um homem esbelto e atlético. De repente, o que via no espelho não se encaixava nessa imagem... Passei a me ver mais como um corredor do que como levantador de peso e mudei todo meu regime de treinos para enfatizar a corrida, o ciclismo e a natação em vez da musculação."
>
> (SCHWARZENEGGER; ARNOLD, 2012, p.155)

Conheço gente que diz que não gosta de livro de autoajuda. Consigo entender alguns, e sempre digo que meus livros de autoajuda são as biografias que leio. De alguma forma, ajudam-me na minha caminhada e no despertar de novas necessidades. Temos o hábito de colocar as pessoas de sucesso em um patamar de conquistas impossível a nossa realidade, mas se conhecermos suas vidas, veremos que estão muito mais próximas de nossa realidade que imaginamos. Se modelarmos suas ações, seremos capazes de alcançar os resultados que desejamos.

Fiz meu próprio entendimento dessa mudança, levando em consideração as minhas crenças e experiências. Sou um apaixonado pela *Teoria da evolução*, de Charles Darwin, que diz: "Os organismos mais bem adaptados ao meio têm maiores chances de sobrevivência". Fazendo a correlação sobre a minha necessidade de adaptação ao novo, entendi que não é a "personalidade forte" que tem mais chance de sobreviver às mudanças que nós enfrentamos, são os homens de "personalidade mais flexível" os que se adaptam melhor às mudanças do seu "universo", que nós mesmos escolhemos.

Agora, a *Vinteseis* ganhava alma, firmava sua história e ganharia um livro muito em breve.

Ainda precisando economizar para investir na produção, passei a ser o modelo da marca, perdi o receio e ganhei intimidade com a câmera. Acumulava mais uma função, mas estava tão animado com a mudança, que exercer mais uma, não pesava.

Procurei um curso de oratória para me preparar bem, pois além de empresário do ramo da moda, passei a dar palestras e treinamentos, o que vem acontecendo nos dias atuais.

Coisas ainda mais incríveis aconteceram. No último dia do curso, a turma estava dividida em grupos. Cada grupo, por meio de uma peça de teatro, iria ressignificar a história de alguém, uma dinâmica incrível. Nosso grupo tinha sete membros. Cada um contava uma história que gostaria de ver acontecendo do jeito positivo. Não foi a minha a escolhida. Havia outras histórias ainda mais incríveis para trabalharmos. Quando decidimos qual seria, pediram que eu fizesse o papel do personagem principal. Naquele momento, veio em minha cabeça um sonoro NÃO! Por pouco ele não saiu, mas outra voz falou: "Você não fez sua mudança?". Permita-se. Seria tudo feito de improviso, seria a minha primeira exposição em público, colocando-me ao julgamento do próximo, mas, na verdade, esse julgamento era só meu. Foi alucinante a experiência. Saí realizado, e alguns acharam que estava representando uma história minha, de tão natural que fui. Ao final, ainda tive a chance de falar ao microfone e contar o quanto a experiência vivida ali tinha sido transformadora, ressignificante. Cheguei acreditando que o mais importante na vida era evoluir e saí com a certeza de que o mais importante na vida é se permitir.

Em meu mapa mental, permissão seria o norte para a evolução. De que adianta ganhar um novo conhecimento, aprender algo se não me permito colocá-lo em prática? A experiência é o que devemos usar para definir o que é válido manter ou não. Seria assim dali para frente. Podemos transformar tudo que estivermos verdadeiramente dispostos, inclusive o que parece mais difícil, a nossa mente.

No livro *Sapos em príncipes*, percebemos as diversas formas possíveis para mudar o que queremos:

> "Que recurso, como ser humano, você precisa ter para saber que pode continuar vivendo e ter muita felicidade? [...] Acreditamos que as pessoas têm os recursos de que precisam, mas os possuem inconscientemente, e de forma não organizada para o contexto apropriado [...] se o que demostrei é uma coisa que você gostaria de ser capaz de fazer, então você bem que poderia gastar seu tempo aprendendo a fazê-lo."
> (BANDLER; RICHARD, GRINDER; JOHN, 1982, págs. 109 e 110).

Aquela evolução havia ocorrido no meio do ano. Estava tão empoderado com as novas coisas que vinha aprendendo para melhorar, o que refletiu em boas coleções. O resultado das vendas daquele fim de ano foi surpreendente.

Falar sobre meu fracasso tornou-se motivo de alegria.

16: LIDERANDO SEU SUCESSO

NESTE ÚLTIMO CAPÍTULO, DEDICO-ME A COMPARTILHAR O MODELO DE liderança que criei, segundo minhas experiências, crenças e valores, e que passaram a fazer sentido para mim. Baseio-me em minha intensa passagem pelo Bope, nos inúmeros livros que li, nos cursos que fiz, nas palestras a que assisti e na minha jornada, para me reencontrar e ser um palestrante.

Quando falo de liderança, não quero me comunicar apenas com o leitor que está na condição de conduzir um grupo a uma meta. Dirijo-me a todos que, corajosamente, chegaram até aqui, e aqueles que irão chegar, ainda que estejam em posições de comandados. Precisamos aprender a liderar nossas ações, emoções e sentimentos. Todos nós, antes de ocuparmos qualquer posição, somos líderes de nós mesmos, temos todos os recursos dentro de nós para atingir nossos propósitos, sonhos, objetivos, seja lá como você os defina. Não importa se você escolheu ser um milionário, um atleta ou uma dona de casa, desde que esse propósito seja genuíno, que seja o modelo que você criou para si, e que faça verdadeiramente sentido para você. Sendo assim, você encontrará satisfação em realizar e mudar quando decidir ser a hora.

Quando vivemos de acordo com nosso mapa mental, quando somos capazes de definir com clareza o que de fato queremos, a vida se torna uma jornada segura, ainda que você seja um policial do Bope.

Criei uma imagem mental que se tornou uma âncora positiva para me lembrar da base de tudo, dos pilares que me sustentam e das ações que preciso praticar. Sempre que algo *desanda*, faço questão de olhar para ela e ver o que não está funcionando. Usei o disco de Newton como a metáfora para representar as ações, e, assim, falar sobre elas. Explicarei o sentido que tem para mim e, quem sabe, você compartilhará desse mesmo entendimento.

Começo falando dos três pilares que sustentam meu disco de ações. *CARÁTER, PROPÓSITO, TIME*

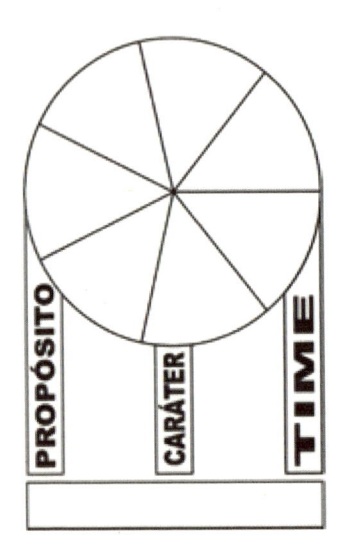

O pilar central em minha jornada é o CARATÉR.

A busca pelo caminho correto que nos gera a confiança e o desejo de segui-lo.

NO BOPE: em nenhum momento duvidei do caráter dos homens com quem trabalhei. A eles dediquei o meu melhor, daria a vida se preciso.

NOS ESTUDOS: na palestra do Bernardinho, ele cita um trabalho feito pela Faculdade de Harvard, nos Estados Unidos, onde uma pesquisa com quinhentos líderes de empresas aponta o caráter como a principal característica que um líder precisa ter para ser seguido. (A palestra está disponível neste link: https://www.youtube.com/watch?v=i5oXdulwbpY&t=235s).

NA VINTESEIS: a confiança em meu caráter fez com que pessoas se envolvessem, e quando tudo parecia estar desmoronando, sempre se puseram a contribuir da melhor forma que podiam.

Segundo pilar: PROPÓSITO.

NO BOPE: ser o melhor que poderia, enquanto estivesse lá. Contribuir ao máximo, e ao encerrar aquele ciclo, ter o carinho daqueles com quem trabalhei para que, quando decidisse escrever este livro, tivesse o respaldo daqueles que contribuíram para minha história.

NOS ESTUDOS: na biografia de Michael Jordan, de David Halberstam, ele reconhece que sozinho suas chances de ser campeão eram pequenas, precisava dividir a responsabilidade com seus parceiros para atingir seu propósito.

NA VINTESEIS: inspirar e vestir-me de positividade. Levar minha jornada a outros e contribuir verdadeiramente na vida de quem se sentir tocado. Precisei encontrar algo que me movesse, mais que vender roupas. Ao ressignificar, criei um novo PROPÓSITO.

Terceiro pilar: TIME, e vou mais além. Reconheço verdadeiramente a todos, inclusive aqueles que parecem ter criado algum tipo de obstáculo, mas quando se ressignifica, passo a ver que não teria melhorado tanto sem ter passado pelas dificuldades.

NO BOPE: a *Bravo 1*, o comprometimento dentro da fração. Independentemente da missão, o importante era protegermos uns aos outros, e juntos voltarmos para casa, todos os dias. A isso atribuo o sucesso das missões.

NOS ESTUDOS: no livro *Transformando suor em ouro*, Bernardinho fala sobre dividir os prêmios que são dados, de forma individual, ao melhor atleta de cada posição, e a aceitação por parte dos que recebem em dividi-lo com toda a equipe. A divisão do prêmio mostra o comprometimento e reconhece quão fundamental é o grupo na conquista "individual". Incrível!

NA VINTESEIS: enquanto não reconheci a importância de todos a minha volta, senti-me extremamente solitário. O "não fazer" dos outros tornou-se importante, sempre me levando a refletir e a reconhecer o potencial coletivo.

Dividi as ações dentro do disco. São sete ações que, ao praticar, vi e vejo meus resultados aproximarem-se daquilo que espero. Ao final destas sete ações, revelo a metáfora que criei em minha mente, sobre o fato de considerá-lo um "disco de Newton".

Primeira ação, RESPEITO:

NO BOPE: o respeito à forma de selecionar seus membros, mais que um treinamento, vi nascer no curso laços de humanidade que levamos para vida toda. Cada homem ali dentro consegue ir muito além de seu limite, porque tem ao seu lado o grupo. Quando se falha, e todos falham em algum momento, se tiver conquistado o respeito do grupo, eles o carregam, seja física ou psicologicamente.

NOS ESTUDOS: o livro *Mussum Forévis*, de Juliano Barreto, em determinado capítulo conta a saída dele do grupo de samba, que apesar de amar, entende que sua nova carreira ao lado dos *Trapalhões* fugia ao papel que o grupo esperava. Em respeito aos amigos, decide que era hora de se desvincular e seguir seu novo caminho.

NA VINTESEIS: quando passei a respeitar o limite do outro, reconhecendo sua forma de contribuição, minha comunicação ficou mais assertiva. Consegui encontrar a fórmula para inspirar cada um ao meu lado.

Segunda ação, POSITIVIDADE:

NO BOPE: Sempre que nossa fração se lançava em uma missão, tínhamos que estar alinhados quanto à positividade, quanto à certeza de dar certo. Os líderes com quem trabalhei sempre perguntavam se todos estavam confiantes, e se alguém tivesse algum pressentimento, geralmente, ficava fora da ação. A energia positiva fica mais completa quando não há "ruído".

NOS ESTUDOS: em sua autobiografia, *A inacreditável história da minha vida*, Arnold Schwarzenegger aprende a olhar tudo de forma positiva, quando dois dos maiores agentes recusaram-se a trabalhar com ele por conta do tamanho e sotaque, aprendeu que quando escutasse um "não", teria que interpretá-lo como um "sim" e agir de acordo com isso.

NA VINTESEIS: aprender a olhar por esse ângulo me trouxe de volta. Fez ver o lado bom onde via sofrimento, e falar das coisas que antes sentia vergonha por ter passado. A depressão que doía, agora pelo lado positivo, faz nascer o novo "eu".

Terceira ação, AUTOCONFIANÇA:

NO BOPE: *puxar a ponta* foi algo que me propus a fazer e acreditava fazer bem. É bem divertido ver a incredulidade das pessoas com quem convivo, fora daquele universo, tentando imaginar o que vivi naquela posição.

NOS ESTUDOS: no livro *12 heróis,* de Doug Stanton, fica evidente a autoconfiança da equipe. Ao perceber que o primeiro grupo, escolhido para o trabalho, queixa-se das possíveis falhas do plano e assume para si, junto de seu time, a responsabilidade de fazer dar certo.

– *Bem, com certeza eu posso pedir apoio aéreo aproximado com um B-52. Se eu já fiz isso? Não. Seu eu poderia fazer? Sim.*

NA VINTESEIS: compreendi que, sendo flexível, sou capaz de aprender mais, me doar mais e fazer coisas que julgava que não poderia. A autoconfiança me fez perder o receio de tirar fotos, falar das dores, dar palestras e escrever este livro.

Quarta ação, INICIATIVA:

NO BOPE: sempre voluntário, com a vontade de aprender o ofício na prática, tinha a iniciativa de me pôr à disposição para qualquer missão que fôssemos. Por vezes, minha iniciativa de ser voluntário levou-me para faxina, mas sempre valeu tê-la.

NOS ESTUDOS: na autobiografia *Sniper americano,* Chris Kyle narra muitos de seus feitos. Ao perceber uma mudança na configuração do combate, sente-se impotente em sua posição e tem a iniciativa de descer e ajudar, tanto nas missões quanto em um treinamento extra para aprimorar a técnica de seus compatriotas.

NA VINTESEIS: ainda que de forma desorganizada, me lancei a fazer tudo, mesmo sem conhecimento (recomendo fazer com planejamento), mas é preciso iniciativa para sair da inércia.

Quinta ação, COOPERAÇÃO:

NO BOPE: cooperei com a P1, quando precisavam encontrar alguém para um curso de policial cidadão, ainda que não fosse meu desejo fazê-lo. Fiz e, após fazê-lo bem, com alegria, cheguei à *Bravo*.

NOS ESTUDOS: o livro *Não há dia fácil*, de Kevin Maurer e Mark Owen, o líder da tropa de elite americana conta como mataram Osama Bin Laden, fala sobre o desejo de ser o homem a entrar no prédio principal onde ele estaria, mas entende o seu papel, que, apesar de ser secundário, sabe da importância da cooperação para o sucesso daquela missão.

NA VINTESEIS: por meio dela, com o seu crescimento, envolvo-me e coopero com outros sonhos. Cito a felicidade de contribuir para a carreira de um atleta de *surf*, na vida dos que trabalham comigo, e fui mais além desenvolvendo um projeto em uma escola pública.

Sexta ação, IR ALÉM:

NO BOPE: ao ir para uma operação com um dos joelhos machucado, coloco meu bem-estar individual de lado e contribuo para o bem-estar do grupo. Vou além do que se espera.

NOS ESTUDOS: no livro *13 horas, os soldados secretos de Bengazhi*, Mitchell Zuckooff descreve em detalhes as ações do grupo de GRS, que vão além de sua obrigação, confiando em suas habilidades e se pondo como solução para uma situação que estava longe de suas ordens, assumindo o risco do resultado.

NA VINTESEIS: ir além de ser o dono. Doei-me a melhorar a mim mesmo, expondo-me, testando e operando em todos os caminhos. Cada vez que falho ponho-me a ver onde falhei. Refaço o caminho, reparando minhas próprias deficiências. Cada vez que me permito fazer algo, que no passado disse que nunca faria, sinto uma energia eletrizante.

Sétima ação, FRACASSO:

NO BOPE: ao adentrar a comunidade, quando devia ter ficado na viatura, reconheço minha falha, faço silêncio e ouço o "esporro", sem tentar me justificar. A partir daquele momento me entrego e faço por merecer a confiança do meu líder para a vida toda. Deixo aqui o meu respeito e agradecimento pela chance de falar sobre este fato. Contar o sucesso parece ser muito mais fácil, mas reconhecer a vulnerabilidade nos enche de orgulho.

NOS ESTUDOS: as superações da vida de Abraham Lincoln. O livro *Lincoln*, de Doris Kearns Goodwin, mostra sua trajetória na Casa Branca, e se torna para mim o exemplo de comunicador que desejo ser. Aprendi a não falar quando sinto raiva, e a escrever e reescrever conforme ele fazia. O livro é fascinante; não à toa, Lincoln foi um dos maiores presidentes dos Estados Unidos.

NA VINTESEIS: a depressão fez com que eu me reencontrasse. Assim nasce o nome da marca que me deu propósito. Me fez perceber o valor e a importância de todos à minha volta. Aprendi a ressignificar os acontecimentos, e a reconhecer, verdadeiramente, o poder que cada fracasso tem. Uma vez fui questionado pelo fato de falar do Bope com tanta alegria, com tanto brilho nos olhos e se me sentia frustrado por sair. A resposta é "não". Fiz tudo que podia, tudo que estava dentro das minha crenças e valores. Quando passou a não fazer mais sentido, saí. Honro e respeito minha história. Por isso a alegria e admiração por este sucesso em minha vida. O Bope está para mim como o cinturão está para um lutador do UFC, ou a Copa do Mundo para um jogador de futebol. Mas me aposentei dele.

Escrevi, acima, o que explicaria a relação da metáfora do Disco de Newton em meu mapa mental. O disco é formado por sete cores, e, ao rodar, as cores se fundem. Percebe-se uma única cor branca. As cores em si são parte da metáfora, distribuem-se as ações dentro das cores de forma aleatória. Porém, vejo essas ações em uma sequência que tem lógica e faz sentido para mim:

RESPEITO, POSITIVIDADE, AUTOCONFIANÇA, INICIATIVA, COOPERAÇÃO, IR ALÉM, FRACASSO.

Em cada ação que trago tem um equilíbrio na aplicação. A cor branca do disco, quando girado na velocidade certa, remete-me ao melhor resultado, para mim e para as pessoas a minha volta. Quando tenho meu disco apoiado em pilares verdadeiros para mim, e ações em proporções perfeitas, ao agir, consigo atingir meu propósito com uma felicidade genuína.

Quanto ao fracasso, é algo inerente a todos, e tê-lo dentro do disco reforça-me a ideia de que dele podemos tirar grandes ensinamentos para mantermos nossas ações sempre equilibradas e nosso disco girando da melhor forma.

Meço minha felicidade fazendo-me a seguinte pergunta: "Se eu morresse hoje, morreria feliz?" A resposta é "sim". "Sim" porque fiz tudo o que me propus até hoje e sigo fazendo, mas vivendo por muitos anos mais, como vou viver, ainda tenho muitos projetos a realizar.

Observando o desenho, percebe-se que ainda não falei da base. Foi de forma pensada, pois sem base não haveria sustentação.

A base pode ser preenchida com o que mais faz sentido para você. Tem gente que acha que a base é a família; outros, os amigos. Para mim, segundo minhas crenças e valores, a minha base é o AMOR.

(Diagrama circular dividido em setores, com as palavras: RESPEITO, POSITIVIDADE, AUTOCONFIANÇA, INICIATIVA, COOPERAÇÃO, IR ALÉM, FRACASSO. Ao redor: PROPÓSITO, CARÁTER, TIME. Base: AMOR.)

Base, AMOR:

NO BOPE: toda jornada foi sustentada pelo amor. Inicialmente pelo sonho de ser do Bope e ser alguém capaz de enfrentar o mal. Depois por conhecer o lado humano de homens que já admirava e que se tornaram meus ídolos. A dedicação dia e noite para manter a paz, e acima de qualquer missão, protegerem uns aos outros para voltarem para suas famílias todos os dias. Apesar de não estar mais nas fileiras da Corporação, esse amor e admiração serão eternos.

NA VINTESEIS: amo toda a minha história, todos os percalços, cada pessoa que passou em minha vida. Tenho uma eterna gratidão pelos que contribuíram com uma palavra ou ações, sejam elas positivas ou não. Sinto-me na obrigação de pedir perdão a todos que porventura feri. Se o fiz, e com certeza mesmo sem saber ferimos, deixo aqui publicamente meu pedido de perdão. Aprendi, estudando a Programação Neurolinguística (PNL), que por trás de toda ação há sempre uma intenção positiva, mas que, ainda sim, atingem pessoas que não compartilham do nosso jeito de pensar e agir, ferindo seus mapas.

Tomei a liberdade de substituir a sequência nos itens BOPE /ESTUDOS/VINTESEIS, pois o estudo que deu vida teórica as minhas palestras e treinamentos foi a leitura do livro *Guerra*, de Sebastian Junger. Eu tinha a experiência vivida, tinha o sentimento, o trabalho em equipe, os melhores exemplos de liderança. Mas Junger consegue traduzir em palavras tudo isso. Por meio deste estudo, crio a palestra A Essência do Combatente, e o curso Liderança na Prática, baseada no sentimento do COMBATENTE, e finalizo a base com o AMOR de quem tem a coragem de se fazer de escudo para salvar vidas.

Por menor que possamos parecer aos olhos dos outros, qualquer pessoa, qualquer time, qualquer grupo, qualquer empresa ou empreendimento pode ter sucesso se tiver amor no propósito. Assim, seremos capazes de vencer forças que consideramos maiores que nós mesmos.

NOS ESTUDOS: o texto é adaptado de vários capítulos do livro *Guerra*.

Quem não está preparado para andar por alguém, certamente não está preparado para "morrer" pelos outros. É o caso de perguntar se estas pessoas deveriam estar na equipe.

O importante para o combatente é a influência e devoção do grupo, ou da unidade, pela consideração para com seu líder, pela convicção que a causa inspira. Para a maioria dos homens, esse fator permite controlar o medo e lutar contra a fadiga de forma como nunca julgaram possível. A tranquilidade de saber que nunca serão abandonados parece ajudá-los a agir de maneira mais conveniente para toda unidade.

A maioria dos combates ocorre com tanta rapidez, que os atos de bravura e covardia são mais ou menos espontâneos. Os soldados podem se arrepender ou se orgulhar, pelo resto da vida, de decisões que nem se lembram de terem tomado.

Quando perguntaram a Audie Murphy, condecorado com a medalha de honra americana, porque enfrentara sozinho uma companhia de infantaria alemã, ele respondeu memoravelmente: "eles estavam matando meus amigos".

Perdem-se e ganham-se batalhas por feitos agregados de milhares de decisões como esta.

Um civil talvez considere isso um ato de coragem, mas os soldados sabem que não é bem assim. Para eles é apenas um ato de lealdade fraterna.

A lealdade ao grupo leva homens de volta ao combate e, ocasionalmente, à morte.

É necessária uma tremenda mobilização psicológica para levar um indivíduo a agir dessa maneira, não só uma vez, mas muitas. Em combate, certamente, mais que em qualquer outro lugar. Podemos observar determinantes comportamentais de grande significado. Alguns desses determinantes comportamentais – como a disposição de assumir riscos – parecem estar presentes, em quantidades desproporcionais, no caráter desses homens.

O que os pesquisadores do exército, com suas pranchetas, suas perguntas, suas infindáveis metanálises, custam a entender é que: Coragem é AMOR. Na guerra não existe um sem o outro, e, em certo sentido, é apenas uma maneira diferente de dizer a mesma coisa.

O exército pode nos oprimir, a namorada pode nos largar, o inimigo pode nos matar, mas o compromisso coletivo de proteger a vida de cada um é uma forma de amor que apenas se aprofunda com o tempo.

A disposição de morrer por outra pessoa é uma forma de amor que nem a religião é capaz de explicar. "Viver tal experiência modifica-nos profundamente."

A metáfora desse texto é aplicável aos trabalhos em equipe de diversas empresas e setores, e ao aplicá-la, conseguimos responder a pergunta que surgiu durante o desenvolvimento do meu curso.

Como os combatentes das Forças Especiais conseguem resultados tão expressivos em situações adversas e com poucos recursos?

Em suma, a essência do combatente está no AMOR. Algo aplicável em todas as áreas da vida.

Faz sentido pra você?

APÊNDICE

A LENDA

"É difícil estudar o heroísmo entre os soldados porque eles invariavelmente alegam que agiram como qualquer bom soldado. Entre outras coisas, heroísmo é a negação do eu – alguém está preparado para dar a vida pelos outros –, e, nesse caso, falar sobre a própria bravura pode ser psicologicamente contraditório."

– Sebastian Junger

MORAES "QUESTÃO"

TODAS AS TROPAS DE ELITE PELO MUNDO TÊM SEUS ÍCONES NO COMBATE. O Bope, sem dúvida, têm muitos. Tem aqueles que, por mais humildes que sejam, ganham esse destaque de seus comandados, ainda que escolham nunca aparecer. O jeito carismático, seus feitos, o amor pelo que fazem, sua bravura, seus ensinamentos, suas histórias ecoam através das gerações.

Citei diversos desses ícones com quem trabalhei, durante todo o livro, e nenhum deles foge a esse perfil. Mas, antes de finalizar, faltava falar da LENDA, o "QUESTÃO", o RAIO 180. Trabalhei uma única vez ao seu lado. Foi em minha primeira saída para verificar uma denúncia, onde fui designado a dirigir. Não citei seu apelido naquele capítulo porque queria ser mais específico. Sempre que o via conversando com alguns companheiros, parava para escutar suas histórias, e não são poucas. Nossos caminhos profissionais não mais se cruzaram a ponto de trabalhar na mesma patrulha, mas observava cada detalhe. Suas histórias vinham repletas de ensinamentos, que serviam para me aprimorar mais e mais.

Eu o via assim. Isso já bastava para escrever sobre ele, mas durante todo o livro busquei citações que espelhassem minhas experiências, que ratificassem meus sentimentos, então decidi ver se meus amigos compartilhavam desta mesma visão sobre ele.

Mandei a seguinte mensagem para muitos com quem trabalhei:
– Vou escrever sobre A LENDA.
Moraes. Todos citaram o mesmo nome.

O nome do capítulo refere-se a como o diferenciávamos, Moraes "Questão". Se falasse que escreveria sobre o "Questão", teria sido tendencioso, então preferi usar outro adjetivo. "Questão", em nosso dialeto, era o cara acima da média. Dotado de habilidade, experiência e humildade. Além de cultivar um ótimo relacionamento com seus subordinados.

Não tinha seu contato, não sabia onde encontrá-lo, então fiz uma ligação.

– Fala, *Frango!*
– Fala *brother* – respondeu ele.

Contei o meu desejo de escrever um capítulo narrado pelo próprio Moraes. Uma forma de reconhecer alguém que admiro, que ensinou tanto a todos, e que contribuiu demais para que na visão dos marginais fôssemos considerados "FODA".

– Vamos lá na casa dele – falou após me ouvir.

Estacionei o carro, ele esperava na calçada. Estava ansioso por um "sim" ao meu pedido, e tremendo pela honra de ser recebido, o que foi bem disfarçado pelo vento frio que fazia aquela noite. Difícil explicar para ele o quanto me inspirou.

Desci do carro e fui em sua direção. Quando saí do Bope, Moraes ainda era sargento. Hoje, reformado, está na posição de tenente. Então, já cheguei com pé esquerdo.

– Que barba é essa? Tá com cara de maluco.
– Agora eu posso. Tô copiando o senhor, sargento.
– Puta que pariu! Pode voltar, já começou mal.

Antes que eu falasse qualquer coisa, ele assumiu a ponta da conversa. Não imaginava ouvir tantas informações, é alguém com quem conversaria por horas.

A verdade, Freitas, não me preparei pra isso aqui. Amava aquele serviço. Nunca pensei que um dia iria parar. Imaginava que um dia ia estar trabalhando e boom! A luz iria se apagar. Entrei para a polícia com dezoito anos, e fui direto para o Bope. Passei na primeira prova que fiz, e vesti aquela farda. Fiquei 29 anos e seis meses... Muita coisa mudou daquela época pra cá. Para você ter noção, morava na Pavuna, subúrbio do Rio de Janeiro, pegava o ônibus fardado, sem arma, olha que loucura pensar nisso hoje...

Contava tudo com o mesmo brilho nos olhos que via na época em que vestíamos a farda preta. É tão apaixonado por ela, que em uma reunião sobre a possibilidade de trocar o preto por um uniforme camuflado, já que o preto absorvia demais o calor, e outras questões que vinham sendo levantadas na época – o Bope vem usando um camuflado que não usei em minha passagem, ouvi dele a seguinte frase: "Prefiro morrer de calor do que tirar o preto. Isso aqui FAZ parte da minha cultura".

Após falar por uma hora ou mais, ia deixando claro que escrever sobre seus feitos não era algo que ele desejava. Gostava muito de contar suas histórias entre amigos, mas falar a todos não o fazia sentir-se tão à vontade. Então o interrompi. Expliquei a importância tanto dele, quanto a de todos os que passaram por minha vida enquanto estive lá, que com ele tinha ido a primeira vez em uma missão e que queria ter a honra de falar sobre alguém que tem tanto valor em minha formação profissional. Se em minha vida tinha ídolos e heróis, ele se enquadrava nesse contexto. Expliquei que contar uma história sobre ele mudando o nome, segundo meu olhar, não daria tanto sentido. Queria apenas a honra de escrever aqui uma história narrada por ele. Uma ação da qual ele se orgulhasse, e sintetizasse aquilo que o movia.

Ele me olhou, observou-me falando e disse:

– Posso contar, sim, se é isso que você quer, eu posso. Mas quero que cite todos que estavam comigo, entendo sua admiração, mas sem eles eu não seria nada.

– Claro, será uma honra maior ainda se eles aceitarem.

– Eles irão.

Durante o tempo que vivi no Bope, os grandes líderes nunca assumiam para si os feitos, sempre reconhecem que se foram capazes de fazer algo, e se tornaram referência, é porque seus comandados os seguiram, e isso os tornam ainda maiores.

Então, começou a contar.

Freitas, se tem uma coisa que eu fazia, que me energizava, que faria eu entrar a qualquer custo em um combate, era salvar a vida de um outro policial. Se tivesse que me arriscar pra entrar em uma comunidade pra prender fuzil, drogas, encarando cem marginais, eu calcularia os riscos. Mas, para salvar a vida de outra pessoa, foda-se, nem que morressem cinco do nosso lado, alguém tinha que ir lá e resgatar. Essa que vou te contar, puta que pariu, chega me deixar arrepiado. Estávamos ali na proximidade da Ilha do Macaco, na Vila Pinheiro, checando informações, quando meu telefone tocou.

– Moraes, como estão as coisas por aí? – perguntou o comandante de uma das patrulhas que checava as informações em outros pontos do Pinheiro.

– Por aqui, tranquilo. Por quê? – respondi.

– Pessoal do Getam* está com problema na Vila do João. Pode dar um pulo até eles? Estão solicitando o Bope.

– Posso, sim.

Voltamos pra viatura e seguimos para lá.

– Já foi ali? – perguntou, olhando para mim e para o Felizola.

Respondemos que "sim", e então continuou.

Quando cheguei lá, tinha uma porrada de policial do lado de fora da favela. A bandidagem atirando das ruas da esquerda, mandando bala na direção do DPO. Era impressionante, devia ter uns quarenta

---

* Grupo Especial Tático Móvel.

policiais em apoio, mas era tanto tiro que ninguém conseguia entrar na favela. Não tínhamos ideia do que estava acontecendo. Próximo ao DPO, tinha um ônibus tipo de feira, estava todo furado. Assim que paramos a viatura, fui ver o que estava acontecendo. Falei com um policial que estava parado atrás do muro.

– Soldado, tem alguma notícia da equipe do Getam que está lá dentro?

– Equipe? Não tô sabendo de equipe, não, pelo que sei são apenas dois policiais.

– Como assim? – falei impressionado com a notícia.

– Pelo que disseram, entraram por engano e foram atacados pelos traficantes.

– Quem é o comandante de vocês? – perguntei.

– O Sub, está lá no DPO.

Me virei pra equipe e disse: – Acho que a merda é maior do que a gente imaginava, se fosse equipe era mais tranquilo. Vamos ver com o Sub o que ele pretende, beleza?

– Sub, tudo bom? Vocês pediram apoio, mas a história tá confusa, o policial ali atrás falou que não é uma equipe, que são apenas dois, é real isso?

– É, sim, sargento, erraram o caminho e entraram direto.

– E como vamos fazer para resgatar? Se fosse equipe seria mais tranquilo, mas só dois, temos que ir agora.

– Entrar agora? Negativo, sargento, já tentamos, tem mais de cinquenta traficantes atirando lá de dentro, olha só onde os tiros estão pegando, o sacolão está todo destruído.

– Como assim, Sub? Vai deixar eles lá dentro.

– Sargento, eu não vou me arriscar, você vai arriscar sua vida, seus homens pra pegar corpos? Essa hora já devem estar mortos.

– Então, Sub, eu vou sair lá de dentro com os corpos deles.

– A decisão é sua – falou.

Virei para a equipe, éramos eu e mais cinco, Cabo Davi, Crow (Cabo Leal), Soldado Cristiano, Cabo Paulo Ricardo e o Wolverine (Soldado De Araújo), e perguntei.

– E aí, camaradas, ninguém precisa ir, mas o que vocês acham?

– Porra nenhuma, sargento, vamos entrar e resgatar esses caras.

Esse foi o resumo das respostas que eles deram, sem exceção. Puta que pariu! Fiquei tão "adrenalizado" (nesse momento, enquanto falava, olhava pra mim e apontava para o seu braço arrepiado) *que qualquer tiro que pegasse em mim ia ricochetear. Era o tipo de missão que eu faria a qualquer custo, eram vidas, e saber que a equipe compartilhava dessa mesma ideia me dava mais segurança ainda.*

Olhei para o Davi, perguntei o que estava acontecendo com o 21A1. Tinha soltado o cano, a arma estava em pane, mandei ele deixar acautelada com um daqueles policiais que estavam ali parados. Ainda bem que ele carregava um ParaFal como arma sobressalente.

O Crow virou pra mim e perguntou:

– E aí, Moraes, o que tá pensando?

Falei pros caras:

– Não vai dar pra ser de poste em poste não, vai ter que ser cavalo corredor. Se parar nos postes, vai dar tempo de eles mirarem na gente. Fechado?

Todos concordaram.

Cavalo Corredor é uma técnica que consiste em correr sob fogo, na direção do oponente o mais rápido possível, pressionando-o a recuar.

Entramos os seis correndo o mais rápido que podíamos e tomando tiro de tudo que era rua. Respondíamos como podíamos, tentando ser os mais precisos. Cada rua que passávamos, a quantidade de tiros que recebíamos era impressionante.

Chegamos onde a viatura estava. Completamente destruída, muitos tiros, mas não encontramos nenhum dos dois. Estávamos em uma espécie de oficina mecânica. Os tiros tinham diminuído. Estávamos procurando sinais deles, mas começamos a temer a possibilidade de os dois terem sido sequestrados pelos vagabundos. Aí, do nada, apareceu um morador falando:

– Ei, vocês estão procurando o policial? – perguntou

– Estamos, sabe de alguma coisa? – respondi.

– Ele está aqui. Escondi ele na minha casa.

Quando entrei na casa, vi o policial com outra roupa, sentado no sofá da sala. O morador havia escondido as coisas dele. Impressionante! Assim que ele me viu, se emocionou, mas você acredita que ele ligou pra mãe? Enquanto estávamos ali, pensando onde o outro policial estaria, eu o vi pegar o telefone e ligar: "mãe, eu vou voltar pra casa, o Bope tá aqui, o Bope me salvou". Ao ouvi-lo dizer aquilo, eu disse: "Calma, polícia, não conta vantagem, não. Temos que sair daqui de dentro ainda". Eu não acreditava que ele estava dando aquele tipo de preocupação à mãe dele, mas a frase "o Bope me salvou" me deixou ainda mais "adrenalizado". Puta que pariu, agora estava me sentindo de aço.

– Sabe onde está seu parceiro? – perguntei.

– Ele correu para aquela rua, mas não vi onde entrou.

– Vamos procurar.

Mais adiante, encontramos o outro policial. Também tinha sido acudido por morador. Encontramos ele parado na sala, em estado de choque. Não conseguia sequer responder às perguntas que fazíamos, mas compreendia que estávamos ali para ajudar. A boca estava rangendo. O estado dele me impressionava.

Virei para o policial, que estava consciente, já com sua roupa, e pedi que ele entrasse na viatura para o levarmos para fora, e ele falou:

– Não, sargento. Melhor deixar ele aí. Depois alguém vem e tira – falou muito assustado.

– Meu amigo, entrei aqui, não vou deixar nada pra trás, não vou deixar nada pra eles. Vou levar agora.

O Crow assumiu o volante da viatura. Ainda ligava, os pneus estavam furados, estava toda capenga. Combinamos que a saída seria da mesma forma que entramos, sem parar. Dessa vez dando cobertura a quem iria dirigindo. Colocamos eles dois no meio da patrulha e voamos para fora daquele local. Falam que a gente podia ter ganhado bravura por essa ação, mas fazer aquilo, pra mim, estava acima de qualquer status, acima de qualquer salário ou promoção. Eu simplesmente tinha que fazer.

Quando cheguei lá fora, fiquei perplexo, na verdade achei meio absurdo. Procurei o Sub, que tinha conversado comigo antes de nós entrarmos, o cara desapareceu. Acho que ele se escondeu, sei lá! Entregamos tudo aos policiais que estavam ali. Perguntei se precisavam da gente para mais alguma coisa. Eles responderam: "aparentemente, não". Tentei me despedir do policial que estava em estado de choque, ele estava sentado no meio fio, apertou minha mão com um olhar de gratidão. Mexia a boca como se tentasse abri-la, continuava rangendo, mas sem conseguir falar.

Quando entramos na viatura para seguir rumo ao Bope, uma coisa chamou a atenção da gente, fez a noite terminar em um triunfo ainda maior, maior que qualquer reconhecimento externo.

– Sabe esses radinhos que eles usam para monitorar a gente na favela?

– Sei – respondi.

– Tínhamos achado um. Escutamos uma voz no rádio, falando assim:

– *Aí, troca praquele outro canal.*

– *Vou trocar* – respondeu outra voz.

A gente foi trocando também até achar o novo canal para saber o que tramavam. Ouvimos a voz dizer o seguinte:

– *Eu te falei, se esses caras chegasse ia colocar geral pra correr, só tinha seis maluco, pegou os polícia e ainda levou a viatura.*

– *Meu irmão, os cara é FODA!*

REFERÊNCIAS BIBLIOGRÁFICAS

BARRETO, Juliano. *Mussum Forévis*: samba, mé e trapalhões. São Paulo: Leya, 2014.

BERNARDINHO. *Transformando suor em ouro*. Rio de Janeiro: Sextante, 2006.

GOODWIN, Doris Kears. *Lincoln*. Rio de Janeiro: Record

HALBERSTAM, David. *Michael Jordan*: A história de um campeão e o mundo que ele criou. 2 ed.. São Paulo, Editora 34, 2013.

KYLE, Chris e DEFELICE, Jim e MCEWEN, Scott. *Sniper americano*: o atirador mais letal da história dos EUA. 1 ed. Rio de Janeiro: Intrínseca, 2015.

MAKAY, Harvey B.. *Como nadar entre os tubarões sem ser comido vivo*. 1 ed. [S.I.]: Best Seller, 2007

SCHWARZENEGGER, Arnold e PETRE, Peter. *A inacreditável história da minha vida*. Rio de Janeiro: Sextante, 2012.

STANTON, Doug. *12 heróis*: as forças especiais que fizeram história. 1 ed. Rio de Janeiro: Record, 2018.

OWEN, Mark. *Não há dia fácil*. 1 ed. São Paulo: Paralela, 2012.

ZUCKOFF, Mitchell. *13 horas*: os soldados secretos de Benghazi. 1 ed. Rio de Janeiro: Bertrand Brasil, 2016.

FONTE: Minion Pro

#Novo Século
nas redes sociais